ТРОПСКО БЛАЖЕНИЕ: НАЈДОБРИТЕ РЕЦЕПТИ ИНСПИРИРАНИ ЗА ПИА КОЛАДА

Искусете ги слаткките и освежителни вкусови на тропските предели во вашата кујна

Трипун Секанић

Авторски права Материјал ©2023

Сѐ Права Резервирано

бр Забава на ова книга може молете се користени или пренесен во било кој форма или градот било кој значи без на правилно напишано согласност на на издавачи дух авторски права сопственик, освен за краток цитати користени во а преглед. Ова книга треба да Забелешка молете се сметано а замена за медицински, правни, или други професионален совети.

ТАБЕЛА НА СОДРЖИНА

ВОВЕД

Добредојдовте во „ТРОПСКО БЛАЖЕНИЕ: НАЈДОБРИТЕ РЕЦЕПТИ ИНСПИРИРАНИ ЗА ПИА КОЛАДА инспирирани рецепти". Оваа готвачка е посветена на сите оние кои ги сакаат слатките и освежителни вкусови на тропските предели. Во оваа книга ќе најдете различни рецепти кои се инспирирани од класичниот коктел Пиња Колада. Од смути до колачи, секој рецепт е направен за да донесе тропски рај во вашата кујна.

Во оваа готвачка, вклучивме и неколку забавни факти и совети за историјата на Пиња коладата, употребените состојки и како да се направи совршен пијалок. Се надеваме дека оваа готвачка ќе ве инспирира да експериментирате со нови вкусови и да го создадете вашиот тропски рај.

КЛАСИЦИ

1.   <u>Класична Пина Колада</u>

СОСТОЈКИ:

- 2 мл лесен рум
- 2 мл сок од ананас
- 2 мл крем од кокос
- 1 чаша кршен мраз
- Парче ананас и цреша мараскино за гарнир

ИНСТРУКЦИИ:

a) Во блендер додадете го румот, сокот од ананас, кокосовиот крем и искршениот мраз.

b) Блендирајте додека не се изедначи.

c) Истурете во чаша и украсете со парче ананас и цреша мараскино.

2.   <u>Богородица Пина Колада</u>

СОСТОЈКИ:

- 2 мл сок од ананас
- 2 мл крем од кокос
- 1 чаша кршен мраз
- Парче ананас и цреша мараскино за гарнир

ИНСТРУКЦИИ:

a) Во блендер додадете го сокот од ананас, кремот од кокос и искршениот мраз.

b) Блендирајте додека не се изедначи.

c) Истурете во чаша и украсете со парче ананас и цреша мараскино.

3.   Ѓумбир Пина Колада

СОСТОЈКИ:

- 2 чаши замрзнат ананас
- 1 лимета излупена и исечена
- 1/2-инчен парче ѓумбир, тенко исечено

ИНСТРУКЦИИ:

a) Се меша со 1/2 до 1 чаша течност.
b) Уживајте

4.　　Грозје Колада

СОСТОЈКИ:

- 7 унци црвено грозје без семки
- 2 лажици мед
- 16 унци засладен крем од кокос
- 1 лажичка мелен ким
- неколку капки вода од цветови од портокал
- 3½ унци коцки мраз

ИНСТРУКЦИИ:

a)   Измешајте го грозјето со мед, крем од кокос, ким, вода од цветови од портокал и мраз додека не се изедначи.

b)   Послужете и украсете со дополнителни половини од грозје.

5.　　　Пиња Колада во тајландски стил

СОСТОЈКИ:

- Незасладено кокосово млеко: 1 конзерва
- Сок од ананас: 1 чаша
- Лесен рум: 4 унци
- Шеќер: ½ чаша
- Коцки мраз: 4 чаши

ИНСТРУКЦИИ:

a) Во контејнер за блендер измешајте ги кокосовото млеко, румот, шеќерот и сокот од ананас.

b) Блендирајте на високо додека не се изедначи целосно.

c) Додадете мраз и измешајте додека не се добие кашеста конзистентност.

d) Истурете во чашите. Послужете веднаш.

6.   <u>Малибу тиква Колада</u>

СОСТОЈКИ:

- Ледени коцки
- 50 ml Малибу
- 50 мл крем од кокос
- 10 ml сок од лимета
- 10 ml пире од тиква или сок
- 75 ml сок од ананас

ИНСТРУКЦИИ:

a) Наполнете шејкер со коцки мраз.

b) Додадете Малибу, крем од кокос, сок од лимета, пире или сок од тиква и сок од ананас.

c) Протресете и процедете во изладена чаша исполнета со коцки мраз.

7. <u>Пина Колада Мартини</u>

СОСТОЈКИ:

- 2 мл кокос рум
- 1 мл сок од ананас
- 1 мл крем од кокос
- 1/2 мл сок од лимета
- Парче ананас и извртување на лимета за гарнир

ИНСТРУКЦИИ:

a) Во шејкер со мраз додадете ги кокосовиот рум, сокот од ананас, павлаката од кокос и сокот од лимета.

b) Протресете додека не се излади.

c) Се цеди во чаша за мартини.

d) Украсете со парче ананас и извртување на лимета.

8.   <u>Моктел Пина Колада</u>

СОСТОЈКИ:

- 2 мл сок од ананас
- 2 мл крем од кокос
- 1 мл сок од лимета
- 1/2 мл едноставен сируп
- Клуб сода
- Парче ананас и листови нане за украсување

ИНСТРУКЦИИ:

a) Додадете го сокот од ананас, кремот од кокос, сокот од лимета и едноставниот сируп во шејкер со мраз.

b) Протресете додека не се излади.

c) Се цеди во чаша наполнета со мраз.

d) Одозгора со газиран сок.

e) Украсете со парче ананас и листови нане.

ПОЈАДОК

9. **Палачинки со пиња колада**

СОСТОЈКИ:

- 1 чаша спелено брашно
- $\frac{1}{2}$ лажичка прашок за пециво
- $\frac{1}{2}$ лажичка сода бикарбона
- $\frac{3}{4}$ чаша обичен грчки јогурт
- $\frac{1}{2}$ чаша + 2 лажици конзервирано полномасно кокосово млеко
- 1 големо јајце
- 2 лажици јаворов сируп
- 1 лажичка екстракт од ванила
- $\frac{1}{2}$ чаша ситно исечен ананас

ИНСТРУКЦИИ:

a) Додадете ги брашното, прашокот за пециво и содата во сад и изматете ги да се соединат.

b) Во друг сад изматете ги јогуртот, кокосовото млеко, јајцето, јаворов сируп и ванилата додека не се соединат темелно.

c) Додадете ги влажните состојки на сувите состојки и изматете ги додека не се соединат темелно.

d) Откако сè ќе се измеша, измешајте го ананасот.

e) Оставете го тестото да отстои 2 до 3 минути. Ова им овозможува на сите состојки да се спојат и му дава на тестото подобра конзистентност.

f) Дарежливо испрскајте нелеплива тава или решетка со растително масло и загрејте на средна топлина.

g) Откако тавата ќе се загрее, додајте го тестото со помош на $\frac{1}{4}$ шолја мерна чаша и истурете го тестото во тавата за да ја направите палачинката. Користете ја мерната чаша за да помогнете во обликувањето на палачинката.

h) Гответе додека страните не изгледаат поставени и не се формираат меурчиња во средината (околу 2 до 3 минути), а потоа превртете ја палачинката.

i) Откако ќе се свари палачинката од таа страна, тргнете ја палачинката од оган и ставете ја на чинија.

j) Продолжете со овие чекори со остатокот од тестото.

10. <u>Пиња Колада Овес за ноќевање</u>

СОСТОЈКИ:

- 1/2 чаша валани овес
- 1/2 шолја кокосово млеко
- 1/2 чаша сок од ананас
- 1/4 чаша рендан кокос
- 1 лажица мед
- 1/2 лажичка екстракт од ванила
- Прелив: исечен ананас, сечкан кокос

ИНСТРУКЦИИ:

a) Во сад измешајте ги овесот, кокосовото млеко, сокот од ананас, ренданиот кокос, медот и екстрактот од ванила.

b) Добро измешајте и покријте го садот со пластична фолија.

c) Овесот ставете го во фрижидер преку ноќ.

d) Наутро, прелијте со исечен ананас и сечкан кокос.

11. <u>Француски тост Пиња Колада</u>

СОСТОЈКИ:

- 4 парчиња леб
- 2 јајца
- 1/4 чаша кокосово млеко
- 1/4 чаша сок од ананас
- 1/4 лажичка екстракт од ванила
- 1/4 лажичка мелен цимет
- 1/4 чаша рендан кокос
- Путер или масло за пржење

ИНСТРУКЦИИ:

a) Во плитко јадење изматете ги јајцата, кокосовото млеко, сокот од ананас, екстрактот од ванила и циметот.

b) Потопете го секое парче леб во смесата со јајца, внимавајќи да ги премачкате двете страни.

c) Загрејте ја тавата на средна топлина и додадете една лажица путер или масло.

d) Додадете ги парчињата леб во тавата и варете 2-3 минути од секоја страна, додека не поруменат.

e) Врз францускиот тост посипете со сечкан кокос и послужете со сируп.

Пина Колада мафини

СОСТОЈКИ:

- 2 чаши универзално брашно
- 1/2 чаша шеќер
- 1 лажица прашок за пециво
- 1/4 лажичка сол
- 1/2 шолја кокосово млеко
- 1/2 чаша сок од ананас
- 1/4 чаша растително масло
- 1 јајце
- 1 чаша ананас исечкан на коцки
- 1/2 чаша рендан кокос

ИНСТРУКЦИИ:

a) Загрејте ја рерната на 375°F (190°C) и обложете ја калапот за мафини со хартиени облоги.

b) Во сад измешајте ги брашното, шеќерот, прашокот за пециво и солта.

c) Во друг сад измешајте ги кокосовото млеко, сокот од ананас, растителното масло и јајцето.

d) Истурете ги влажните состојки во сувите состојки и мешајте додека не се соедини.

e) Измешајте го ананасот исечкан на коцки и исечканиот кокос.

f) Истурете го тестото во подготвената калап за мафини, пополнете ја секоја чаша околу 2/3 полна.

g) Печете 20-25 минути, додека чепкалка за заби вметната во центарот на кифла не излезе чиста.

h) Оставете ги мафините да се изладат во калапот 5 минути пред да ги префрлите на решетка за целосно да се изладат.

13.   <u>Пиња Колада Гранола</u>

СОСТОЈКИ:

- 3 чаши валани овес
- 1/2 чаша рендан кокос
- 1/2 чаша сецкани бадеми
- 1/4 чаша мед
- 1/4 чаша кокосово масло
- 1/4 чаша сок од ананас
- 1 лажичка екстракт од ванила
- 1/2 чаша сушен ананас

ИНСТРУКЦИИ:

a) Загрејте ја рерната на 325°F (160°C) и обложете го листот за печење со хартија за печење.

b) Во сад измешајте ги роланите овес, сечканиот кокос и сечканите бадеми.

c) Во друг сад измешајте ги медот, кокосовото масло, сокот од ананас и екстрактот од ванила.

d) Прелијте ги влажните состојки врз сувите состојки и мешајте додека не се премачкаат добро.

e) Нанесете ја смесата на подготвениот плех и печете 20-25 минути, повремено мешајќи додека не порумени.

f) Оставете ја гранолата да се излади на плехот 10 минути пред да го промешате сувиот ананас.

g) Чувајте ја гранолата во херметички сад.

Пиња Колада Чиа пудинг

СОСТОЈКИ:

- 1/4 чаша чиа семе
- 1 шолја кокосово млеко
- 1/4 чаша сок од ананас
- 1 лажица мед
- 1/4 лажичка екстракт од ванила
- Прелив: исечен ананас, сечкан кокос

ИНСТРУКЦИИ:

a) Во сад изматете ги семките од чиа, кокосовото млеко, сокот од ананас, медот и екстрактот од ванила.

b) Покријте го садот со пластична фолија и ставете го во фрижидер најмалку 2 часа или преку ноќ.

c) За сервирање, прелијте со исечен ананас и сечкан кокос.

15.   <u>Парфе за појадок Piña Colada</u>

СОСТОЈКИ:

- 1/2 чаша грчки јогурт
- 1/2 чаша ананас исечен на коцки
- 1/4 чаша рендан кокос
- 2 лажици мед
- 2 лажици сок од ананас
- Гранола за прелив

ИНСТРУКЦИИ:

a) Во сад измешајте го грчкиот јогурт, ананасот исечкан на коцки, сечканиот кокос, медот и сокот од ананас.

b) Ставете ја смесата со лажица во чаша за сервирање, наизменично со слоеви гранола.

c) Одозгора ставете дополнителен ананас исечкан на коцки и сечкан кокос.

Пина Колада Појадок Бурито

СОСТОЈКИ:

- 4 големи тортиљи од брашно
- 6 јајца, изматени
- 1/2 чаша парчиња ананас
- 1/2 чаша рендан кокос
- 1/4 чаша сецкан цилинтро
- Сол и бибер по вкус

ИНСТРУКЦИИ:

a) Загрејте голема тава на средна топлина.

b) Додадете ги изматените јајца и варете додека не се стегнат.

c) Во тавата за пржење додадете ги парчињата ананас, ренданиот кокос, цилинтрото, солта и биберот и мешајте додека не се соедини добро.

d) Загрејте ги тортиљите од брашно во микробранова печка или на решетка.

e) Поделете ја смесата со јајца помеѓу тортиљите и завиткајте ги во бурито.

f) Послужете веднаш.

7.   <u>Тепсија за појадок Пина Колада</u>

СОСТОЈКИ:

- 6 големи кроасани, искинати на мали парчиња
- 1 конзерва кокосово млеко
- 1/2 чаша сок од ананас
- 1/2 чаша рендан кокос
- 1/2 чаша парчиња ананас
- 4 јајца
- 1/4 чаша кафеав шеќер
- 1 лажичка екстракт од ванила
- 1/2 лажичка цимет

ИНСТРУКЦИИ:

a) Загрејте ја рерната на 350°F.

b) Во голем сад измешајте ги кокосовото млеко, сокот од ананас, јајцата, кафеавиот шеќер, екстрактот од ванила и циметот.

c) Додадете ги парчињата кроасан во садот и мешајте додека не се премачкаат во смесата.

d) Истурете ја смесата за кроасан во подмачкан сад за печење.

e) Посипете ги ренданите парчиња кокос и ананас над смесата за кроасан.

f) Печете 35-40 минути, додека врвот не порумени и тепсијата не се свари.

g) Послужете го топло.

Леб во тегли Piña colada

СОСТОЈКИ:

- 1 конзерва ананас; (20 oz) смачкана
- 1 чаша маргарин; на собна температура
- 3 ½ чаши кафеав шеќер; спакувани
- 4 белки од јајца; Избришан
- ½ шолја Рум
- 3⅓ чаша Небелено брашно
- 1 ½ лажичка прашок за пециво
- 1 лажичка сода бикарбона
- 1 чаша кокос; рендан

ИНСТРУКЦИИ:

a) Загрејте ја рерната на 325. Пред да го започнете тестото, измијте 8 (1 пинта) тегли за конзервирање со широка уста со капаци во топла вода со сапуница и оставете да се исцедат, да се исушат и да се изладат на собна температура.

b) Великодушно подгответе тегли со спреј за готвење и брашно.

c) Исцедете го ананасот 10 минути, резервирајте го сокот. Исцедениот ананас испасирајте го во блендер. Измерете 1½ чаши пире, додавајќи малку сок доколку е потребно за да направите 1½ чаши. Оставете го пирето на страна. Исфрлете го преостанатиот сок.

d) Во сад за матење, измешајте сос од јаболка, половина кафеав шеќер додека не стане светло и поматено. Изматете ги белките и пирето од ананас. Стави на страна. Во друг сад за матење измешајте брашно, прашок за пециво и сода бикарбона. Постепено додавајте во смесата со ананас во третини, добро матејќи со секое додавање. Промешајте со кокос.

e) Лажица 1 ниво чаша тесто во секоја тегла. Внимателно избришете ги бандажите, а потоа ставете ги теглите на плех (или ќе се превртат) во центарот на рерната. Печете 40 минути. Чувајте ги капаците во топла вода додека не се користат.

f) Кога колачите ќе бидат готови, вадете ги жешките тегли од рерната една по една. Ако на бандажите им е потребно чистење, користете навлажнета хартиена крпа. Внимателно ставете ги капаците и прстените на своето место, а потоа зашрафете ги горните делови добро затворени. Ставете тегли на жичана решетка; ќе се печат додека се ладат.

g) Откако ќе се изладат теглите, украсете ги со тркалезни парчиња ткаенина и потоа залепете ги на цветови, ленти и слично на капакот, прстенот и на страната на теглата. Отшрафете го прстенот (капакот до сега треба да е запечатен) и ставете неколку памучни топчиња на врвот на капакот, потоа парче ткаенина одозгора и повторно зашрафете го прстенот.

h) Декорирајте по желба.

19.   Тропски омлет

СОСТОЈКИ:

- 3 јајца
- 2 лажици кокосово млеко
- $\frac{1}{4}$ чаша ананас исечен на коцки
- $\frac{1}{4}$ чаша бугарска пиперка исечкана на коцки
- $\frac{1}{4}$ чаша црвен кромид исечкан на коцки
- $\frac{1}{4}$ чаша рендано сирење (чедар или моцарела)
- 1 лажица сецкан свеж цилинтро
- Сол и бибер по вкус
- Путер или масло за готвење

ИНСТРУКЦИИ:

а) Во сад изматете ги јајцата, кокосовото млеко, солта и биберот.

b) Загрејте нелеплива тава на средна температура и додадете малку путер или масло за да ја премачкате површината.

c) Истурете ја смесата од јајцата во тавата и оставете ја да се готви една минута додека рабовите не почнат да се стегаат.

d) Посипете го ананасот исечен на коцки, бугарската пиперка, црвениот кромид, рендалото сирење и сечканиот цилинтро над една половина од омлетот.

е) Со помош на шпатула преклопете ја другата половина од омлетот врз филот.

f) Гответе уште една минута или додека кашкавалот се растопи и омлетот не се свари.

g) Лизнете го омлетот на чинија и послужете го топол.

h) Уживајте во тропските вкусови на вкусниот омлет!

20. <u>Златни вафли со тропско овошје</u>

СОСТОЈКИ:
ПАУТЕР ДАРМА
- 1 стапче несолен путер, собна температура
- 1 шолја крупно сечкани урми без јами

ВАФЛИ
- 1 $\frac{1}{2}$ шолја универзално брашно
- 1 чаша крупно мелено брашно од гриз
- $\frac{1}{4}$ чаша гранулиран шеќер
- 2 $\frac{1}{2}$ лажички прашок за пециво
- $\frac{1}{2}$ лажичка сода бикарбона
- $\frac{3}{4}$ лажичка крупна сол
- 1 $\frac{3}{4}$ шолја полномасно млеко, собна температура
- $\frac{1}{3}$ чаша кисела павлака, собна температура
- 1 стапче несолен путер, стопен
- 2 големи јајца, собна температура
- 1 лажичка чист екстракт од ванила
- Спреј за готвење со растително масло
- Сецкани киви и агруми, сечкани ф'стаци и чист јаворов сируп, за сервирање

ИНСТРУКЦИИ:
ПУТЕР ДАТУМ:
а) Пуштете путер и урми во процесор за храна, стругајќи ги страните неколку пати, додека не се изедначат и соединат. Путерот од урма може да се подготви до една недела и да се чува во фрижидер; доведете до собна температура пред употреба.

ВАФЛИ:
b) Во голема чинија изматете ги брашното, шеќерот, прашокот за пециво, содата и солта. Во посебен сад

изматете ги млекото, павлаката, путерот, јајцата и ванилата.

c) Изматете ја смесата со млеко во смесата со брашно само да се соедини.

d) Загрејте го пеглата за вафли. Премачкајте со тенок слој спреј за готвење. Истурете 1 $\frac{1}{4}$ шолја тесто по вафли во центарот на пеглата, дозволувајќи му да се шири речиси до рабовите.

e) Затворете го капакот и варете додека не порумени и остри, 6 до 7 минути.

f) Извадете го од пеглата и брзо фрлете ги меѓу рацете неколку пати за да се ослободи пареата и да помогне да се задржи острината, а потоа префрлете го на жичана решетка поставена во плех за печење со обрач; се чува топло во рерна на 225 степени додека не се подготви за послужување.

g) Повторете премачкување на пеглата со повеќе спреј за готвење помеѓу сериите.

Послужете, со путер од урми, овошје, ф'стаци и сируп.

Крепи од тропско овошје

СОСТОЈКИ:

- 4 унци обично брашно, просеано
- 1 прстофат Сол
- 1 лажичка шеќерен шеќер
- 1 јајце, плус една жолчка
- $\frac{1}{2}$ пинта Млеко
- 2 лажици растопен путер
- 4 унци Шеќер
- 2 лажици ракија или рум
- 2 $\frac{1}{2}$ чаши мешавина од тропско овошје

ИНСТРУКЦИИ:

a) За да го направите тестото за Креп, ставете ги брашното, солта и шеќерот во сад и измешајте.

b) Постепено матете ги јајцата, млекото и путерот. Оставете да отстои најмалку 2 часа.

c) Загрејте ја лесно подмачканата тава, измешајте го тестото и употребете за да направите 8 Крепи. Чувајте го топло.

d) За да го направите филот, ставете ја смесата од тропско овошје во тенџере со шеќер и нежно загрејте додека не се раствори шеќерот.

e) Оставете да зоврие и загрејте додека шеќерот не се карамелизира. Додадете ја ракијата.

f) Наполнете ја секоја павлака со овошје и послужете веднаш со крем или крем фрајше.

2. <u>Тропски пудинг од кокос</u>

СОСТОЈКИ:

- $\frac{3}{4}$ чаша старомоден овес без глутен
- $\frac{1}{2}$ чаша незасладен рендан кокос
- 2 чаши вода
- $1\frac{1}{4}$ шолја кокосово млеко
- $\frac{1}{2}$ лажичка мелен цимет
- 1 банана, исечена

ИНСТРУКЦИИ:

a) Со помош на сад измешајте ги овесот, кокосот и водата. Покријте и разладете преку ноќ.

b) Префрлете ја смесата во мало тенџере.

c) Додадете ги млекото и циметот и динстајте околу 12 минути на средна топлина.

d) Тргнете го од оган и оставете да отстои 5 минути.

e) Поделете помеѓу 2 чинии и одозгора со парчињата банана.

Тропски Асаi Боул

СОСТОЈКИ:

- 2 замрзнати пакувања со акаи
- 1 зрела банана
- $\frac{1}{2}$ чаша замрзнати мешани бобинки
- $\frac{1}{2}$ шолја кокосова вода или бадемово млеко
- Прелив: исечена банана, киви, бобинки, гранола, кокосови снегулки

ИНСТРУКЦИИ:

a) Во блендер, изблендирајте ги замрзнатите пакувања од акаи, зрелата банана, замрзнатите мешани бобинки и кокосовата вода или бадемовото млеко додека не се изедначи и густо.

b) Истурете ја смесата од акаи во сад.

c) Одозгора ставете исечкана банана, киви, бобинки, гранола и кокосови снегулки.

d) Наредете ги преливите по желба врз смесата со акаи.

e) Послужете веднаш и уживајте во освежителниот и хранлив тропски сад со акаи!

24. <u>Леб од кокос банана</u>

СОСТОЈКИ:

- 2 зрели банани, испасирани
- ½ шолја кокосово млеко
- ¼ чаша стопено кокосово масло
- ¼ чаша мед или јаворов сируп
- 1 лажичка екстракт од ванила
- 1 ¾ шолји универзално брашно
- 1 лажичка прашок за пециво
- ½ лажичка сода бикарбона
- ¼ лажичка сол
- ¼ чаша рендан кокос
- Изборно: ½ чаша сецкани тропски ореви

ИНСТРУКЦИИ:

a) Загрејте ја рерната на 350°F (175°C) и подмачкајте ја тавата за леб.

b) Во голем сад измешајте ги пасираните банани, кокосовото млеко, стопеното кокосово масло, медот или јаворов сируп и екстрактот од ванила. Добро измешајте.

c) Во посебен сад измешајте ги брашното, прашокот за пециво, содата и солта.

d) Постепено додавајте ги сувите состојки во влажните состојки, мешајте додека не се соединат.

e) Преклопете го издробениот кокос и сечканите ореви (ако користите).

f) Истурете го тестото во подготвената тава за леб и рамномерно распоредете го.

g) Печете 45-55 минути или додека чепкалка за заби вметната во центарот не излезе чиста.

h) Извадете го од рерна и оставете го лебот од кокос банана да се излади во тавата неколку минути.

i) Лебот префрлете го на решетка за целосно да се излади.

j) Исечете го и послужете го вкусниот тропски леб од банана од кокос.

25.   Тропски тако за појадок

СОСТОЈКИ:

- 4 мали тортиљи од пченка
- 4 јајца, изматени
- $\frac{1}{2}$ чаша ананас исечен на коцки
- $\frac{1}{4}$ чаша црвена пиперка исечкана на коцки
- $\frac{1}{4}$ чаша црвен кромид исечкан на коцки
- $\frac{1}{4}$ чаша сецкан свеж цилинтро
- Сок од 1 лимета
- Сол и бибер по вкус
- Изборен прелив: исечено авокадо, салса, лут сос

ИНСТРУКЦИИ:

a) Во сад измешајте го ананасот исечкан на коцки, црвената пиперка, црвениот кромид, цилинтрото, сокот од лимета, солта и биберот. Добро измешајте.

b) Загрејте ги пченкарните тортиљи во тава или микробранова печка.

c) Наполнете ја секоја тортиља со изматени јајца и одозгора со салса од тропски ананас.

d) Додадете опционални преливи како исечено авокадо, салса или лут сос.

e) Послужете ги вкусните тако за тропски појадок.

26. Тропски тост од авокадо

СОСТОЈКИ:

- 2 парчиња леб од цело зрно, тост
- 1 зрело авокадо, излупено и излупено
- Сок од ½ лимета
- ¼ чаша ананас исечен на коцки
- ¼ чаша манго исечено на коцки
- 1 лажица сецкан свеж цилинтро
- Сол и бибер по вкус
- Изборни додатоци: исечени ротквици, микрозелени или фета сирење

ИНСТРУКЦИИ:

a) Во сад изгмечете го зрелото авокадо со вилушка.

b) Додадете го сокот од лимета, ананасот исечен на коцки, манго исечен на коцки, сечканиот цилинтро, сол и бибер.

c) Добро измешајте додека не се соединат сите состојки.

d) Распоредете ја смесата од авокадо рамномерно на препечените парчиња леб.

e) По желба намачкајте со опционални преливи, како што се исечени ротквици, микрозелени или распарчено фета сирење.

f) Послужете го тропскиот тост од авокадо како вкусна и задоволувачка закуска или лесен оброк.

g) Уживајте во кремастото авокадо во комбинација со слаткото и луто тропско овошје!

СНЕКИ

7.   <u>Кората на Пиња Колада</u>

СОСТОЈКИ:

- 24 унци кора од бадем
- 1/2 чаша ситно сецкан сув ананас плус уште за украс
- 1/4 шолја тост кокос плус повеќе за украс
- 1/2 чаша стопена жолта бонбона се топи

ИНСТРУКЦИИ:

a) Растопете ја кората од бадем како што е наведено на пакувањето. Измешајте ги ананасот и кокосот.

b) Истурете во тавче со големина 9"x13" покриено со фолија.

c) Растопете ги растопените бонбони и додадете мали куклички низ целата бела смеса. Со помош на чепкалка за заби, завртете ја жолтата во бела боја.

d) Посипете ги гарнирите и покријте ги со пластична фолија. Оставете да се намести околу 4 часа.

e) Раскинете на парчиња и уживајте!

Енергетски топки Пиња Колада

СОСТОЈКИ:

- 1 шолја урми Меџул, без јами
- 1 чаша незасладен рендан кокос
- 1/2 чаша индиски ореви
- 1/4 чаша парчиња ананас
- 1/4 чаша сок од ананас
- 1/2 лажичка екстракт од ванила
- Прстофат сол

ИНСТРУКЦИИ:

a) Во процесор за храна, пулсирајте ги урмите, ренданиот кокос, индиските ореви, парчињата ананас, сок од ананас, екстрактот од ванила и сол додека не се формира лепливо тесто.

b) Расукајте го тестото во мали топчиња.

c) Чувајте ги енергетските топчиња во фрижидер до 1 недела.

Барови Piña Colada Granola

СОСТОЈКИ:

- 2 чаши валани овес
- 1/2 чаша незасладен рендан кокос
- 1/4 чаша индиски ореви
- 1/4 чаша бадеми
- 1/4 чаша мед
- 1/4 чаша кокосово масло
- 1/4 чаша сок од ананас
- 1/4 чаша парчиња ананас
- 1 лажичка екстракт од ванила

ИНСТРУКЦИИ:

a) Загрејте ја рерната на 350°F.

b) Обложете го садот за печење со хартија за печење.

c) Во голем сад измешајте ги роланите овес, сечканиот кокос, индиските ореви и бадемите.

d) Во посебен сад измешајте ги медот, кокосовото масло, сокот од ананас, парчињата ананас и екстрактот од ванила.

e) Прелијте ги влажните состојки врз сувите состојки и мешајте додека убаво не се соединат.

f) Истурете ја смесата во подготвениот сад за печење и цврсто притиснете надолу.

g) Печете 20-25 минути, додека не порумени.

h) Оставете ги решетките гранола да се изладат пред да ги исечете на квадрати.

O.   <u>Пиња Колада Рајс Криспи третира</u>

СОСТОЈКИ:

- 6 шолји житарки Rice Krispie
- 1/4 чаша несолен путер
- 1/4 чаша мед
- 1/4 чаша незасладен рендан кокос
- 1/4 чаша сок од ананас
- 1/4 чаша парчиња ананас

ИНСТРУКЦИИ:

a) Во големо тенџере, растопете го путерот на тивок оган.

b) Во тенџерето додадете го медот, ренданиот кокос, сокот од ананас и парчињата ананас и мешајте додека не се соедини добро.

c) Во тенџерето додајте ги житарките Рајс Криспи и мешајте додека житарките не се премачкаат со смесата.

d) Истурете ја смесата во подмачкан сад за печење со димензии 9x13 инчи и цврсто притиснете надолу.

e) Оставете ја смесата да се излади пред да ја исечете на квадрати.

<u>Мешавина за патека на Пиња Колада</u>

СОСТОЈКИ:

- 1 чаша печени индиски ореви
- 1 чаша печени бадеми
- 1/2 чаша незасладен рендан кокос
- 1/2 чаша сушен ананас парчиња
- 1/4 чаша чипс од бело чоколадо
- 1/4 чаша чипс од кокос

ИНСТРУКЦИИ:

а) Во голем сад измешајте ги индиските ореви, бадемите, сечканиот кокос, сувите парчиња ананас, чипсот од бело чоколадо и чипсот од кокос.

b) Чувајте ја смесата за патека во херметички сад до 1 недела.

СОСТОЈКИ:

- $\frac{3}{4}$ фунти Snapper
- 1 фунта раковини; четвртини
- 1 мал црвен кромид; преполовен, тенко исечен
- $\frac{1}{4}$ чаша цилинтро; крупно сецкани
- 2 чаши манго; на коцки
- $1\frac{1}{2}$ чаши ананас; на коцки
- Маринада
- 1 чаша сок од лимета; свежо исцедено
- 1 лажица кора од лимета; рендан
- 1 чаша Ориз оцет
- $\frac{1}{4}$ чаша Шеќер
- 1 $\frac{1}{2}$ лажичка снегулки црвена пиперка; два клуча
- 1 $\frac{1}{2}$ лажичка сол
- 2 лажички семе од коријандер; здробени

ИНСТРУКЦИИ:

a) Комбинирајте ги состојките за маринадата во голема чаша или сад за мешање од нерѓосувачки челик. Изматете ги заедно и оставете ги на страна.

b) Исплакнете ги рибите и раковите во ладна вода и исушете ги со хартиени крпи. Додадете ги раковите во маринадата и ставете ги во фрижидер. Исечете ја рибата на $\frac{1}{2}$" парчиња и додадете ја во маринадата со кромидот.

c) Нежно промешајте, покријте и ставете го во фрижидер најмалку 4 часа пред сервирање.

d) Повремено мешајте за да се осигурате дека маринадата рамномерно навлезе во морските плодови. Цевиче може да се подготви во овој момент до 2 дена однапред. Околу 30 минути пред сервирање, измешајте ги цилинтрото и овошјето и вратете го садот во фрижидер додека не го подготвите за сервирање.

е) Послужете во мали разладени чинии или чинии или, за попразничен изглед, чаши за шут или чаши за коктели.

33.   Каснувања од тропски протеини од лимон

СОСТОЈКИ:

- $1\frac{3}{4}$ шолји индиски ореви
- $\frac{1}{4}$ шолја кокосово брашно
- $\frac{1}{4}$ чаша незасладен рендан кокос
- 3 лажици сурово излупено конопно семе
- 3 лажици јаворов сируп
- 3 лажици свеж сок од лимон

ИНСТРУКЦИИ:

a) Ставете ги индиските ореви во процесор за храна и обработете ги додека не се многу фини.

b) Додадете ги останатите состојки и обработете додека не се изедначат добро.

c) Истурете ја смесата во голем сад.

d) Земете една грутка од тестото и исцедете ја во топка.

e) Продолжете да го стискате и работите неколку пати додека не се формира топка и цврста.

34.   Пица од тропски ореви

СОСТОЈКИ:

- 1 готова кора за пица
- 1 Лажица маслиново масло
- Контејнер од 13,5 унца крем сирење со вкус на овошје
- Тегла од 26 унца парчиња манго, исцедена и исечкана
- $\frac{1}{2}$ С. сечкани ореви

ИНСТРУКЦИИ:

a) Сварете ја кората за пица во рерна според упатствата на пакувањето.

b) Рамномерно премачкајте ја кората со маслото.

c) Премачкајте го крем сирењето над кората и одозгора со сечканото манго и оревите.

d) Се сече на саканите парчиња и се сервира.

35.   Кабаби со тропско овошје

СОСТОЈКИ:

- Избрано тропско овошје (ананас, манго, киви, банана, папаја итн.), исечени на парчиња со големина на залак
- Дрвени раженчиња

ИНСТРУКЦИИ:

a) Нанесете ги сортите од тропско овошје на дрвените раженчиња во кој било модел што сакате.

b) Повторете со останатите овошја и ражничи.

c) Послужете ги кабабите од тропско овошје како мраз или со јогурт или мед за потопување.

d) Уживајте во овие шарени и хранливи овошни раженчиња!

36. Пуканки од кокос лимета

СОСТОЈКИ:

- ½ чаша зрна од пуканки
- 2 лажици кокосово масло
- Кора од кора и сок од 1 лимета
- 2 лажици рендан кокос
- Сол два клуча

ИНСТРУКЦИИ:

a) Загрејте го кокосовото масло во големо тенџере на средна топлина.

b) Додадете ги зрната пуканки и покријте го тенџерето со капак.

c) Повремено протресувајте го тенџерето за да не изгори.

d) Откако пукањето ќе се намали, тргнете го тенџерето од оган и оставете го да отстои една минута за да се осигурате дека сите јадра се испукани.

e) Во мал сад измешајте ја кората од лимета, сокот од лимета, ренданиот кокос и солта.

f) Посипете ја смесата од лимета од кокос врз свежо испуканите пуканки и фрлете ги да се премачкаат рамномерно.

g) Уживајте во вкусните и тропски пуканки од кокос лимета како лесна и вкусна закуска!

37.   Гвакамоле од кокос вар

СОСТОЈКИ:

- 2 зрели авокадо
- Сок од 1 лимета
- Кора од 1 лимета
- 2 лажици сецкан свеж цилинтро
- 2 лажици црвен кромид исечкан на коцки
- 2 лажици рендан кокос
- Сол и бибер по вкус

ИНСТРУКЦИИ:

a) Во сад изгмечете ги зрелите авокадо со вилушка додека не станат кремасти.

b) Додадете го сокот од лимета, кората од лимета, сечканиот цилинтро, црвен кромид исечкан на коцки, сечканиот кокос, сол и бибер.

c) Добро измешајте да се соединат сите состојки.

d) Вкусете и прилагодете го зачинот по желба.

e) Послужете го гуакамоле од кокос лимета со чипс од тортиља или користете го како вкусен прелив за тако, сендвичи или салати.

f) Уживајте во кремастите и лутите вкусови на овој тропски пресврт на гуакамоле!

38. Кокосови ракчиња

СОСТОЈКИ:

- 1 фунта ракчиња, излупени и излупени
- ½ шолја универзално брашно
- ½ чаша рендан кокос
- 2 јајца, изматени
- Сол и бибер по вкус
- Масло за јадење за пржење

ИНСТРУКЦИИ:

a) Во плиток сад измешајте го универзалното брашно, сечканиот кокос, солта и биберот.

b) Секоја ракчиња потопете ја во изматените јајца, оставајќи да капе вишокот, а потоа премачкајте ги со смесата од кокос.

c) Загрејте масло за јадење во длабока тава или тенџере на средно-силен оган.

d) Испржете ги ракчињата обложени со кокос во серии до златно кафеава и крцкава, околу 2-3 минути по страна.

e) Отстранете ги ракчињата од маслото и исцедете ги на хартиени крпи.

f) Послужете ги кокосовите ракчиња како вкусно тропско предјадење или закуска со сос по ваш избор, како сладок чили сос или салса од манго.

g) Уживајте во крцкавите и вкусни кокосови ракчиња!

39.   Тропски манго салса Roll-ups

СОСТОЈКИ:

- 4 големи тортиљи од брашно
- 1 шолја крем сирење
- 1 чаша салса од манго
- $\frac{1}{2}$ чаша рендани листови зелена салата или спанаќ

ИНСТРУКЦИИ:

a) Поставете ги тортиљите од брашно рамно на чиста површина.

b) Над секоја тортиља рамномерно распоредете слој крем сирење.

c) Намачкајте ја со лажичка салсата од манго на слојот од крем сирење, распоредете ја за да ја покрие тортиљата.

d) Врз салсата посипете рендана зелена салата или листови спанаќ.

e) Цврсто свиткајте ја секоја тортиља, почнувајќи од едниот крај.

f) Секоја ролна тортиља исечкајте ја на тркалца со големина на залак.

g) Послужете ги ролните салса од тропски манго како вкусна и освежителна закуска или мезе.

h) Уживајте во комбинацијата на кремасти, лути и тропски вкусови!

40. <u>Раженчиња од ананас на скара</u>

СОСТОЈКИ:

- 1 ананас, излупен, со јадра и исечен на коцки
- 2 лажици мед или јаворов сируп
- 1 лажичка мелен цимет
- Дрвени раженчиња, натопени во вода 30 минути

ИНСТРУКЦИИ:

a) Загрејте скара или тавче на скара на средна топлина.

b) Во помал сад измешајте ги медот или јаворов сируп и мелениот цимет.

c) Нанесете ги парчињата ананас на дрвените раженчиња.

d) Намачкајте го ананасот со мешавина од мед или јаворов сируп, премачкајќи ги сите страни.

e) Ставете ги раженчињата од ананас на претходно загреаната скара и варете ги околу 2-3 минути од секоја страна или додека не се појават траги од скара и ананасот малку не се карамелизира.

f) Извадете ги од скара и оставете ги да се изладат неколку минути.

g) Послужете ги раженчињата од ананас на скара како слатка и тропска закуска или десерт.

h) Уживајте во зачадените и карамелизираните вкусови на печениот ананас!

41. <u>Каснувања од банана од кокос</u>

СОСТОЈКИ:

- 2 банани, излупени и исечени на парчиња со големина на залак
- $\frac{1}{4}$ шолја стопено темно чоколадо
- $\frac{1}{4}$ чаша рендан кокос

ИНСТРУКЦИИ:

a) Обложете го листот за печење со хартија за печење.

b) Секое парче банана потопете го во стопеното темно чоколадо, премачкајте го околу половина.

c) Расукајте ја бананата премачкана со чоколадо во исечкан кокос додека не се обложи рамномерно.

d) На подготвениот плех ставете ги премачканите каснувања од банана.

e) Повторете со останатите парчиња банана.

f) Ставете го во фрижидер најмалку 30 минути или додека чоколадото не се стврдне.

g) Послужете ги каснувањата од кокос банана како прекрасна тропска закуска или десерт.

h) Уживајте во комбинацијата од кремаста банана, богато чоколадо и кокос!

42. Натопи со тропски јогурт

СОСТОЈКИ:

- 1 чаша грчки јогурт
- $\frac{1}{2}$ чаша ананас исечен на коцки
- $\frac{1}{2}$ чаша манго исечкано на коцки
- $\frac{1}{4}$ чаша сечкана црвена пиперка
- $\frac{1}{4}$ чаша сецкан црвен кромид
- $\frac{1}{4}$ чаша сецкан свеж цилинтро
- 1 лажица сок од лимета
- $\frac{1}{2}$ лажичка лук во прав
- Сол и бибер по вкус

ИНСТРУКЦИИ:

a) Во сад измешајте го грчкиот јогурт, ананасот исечкан на коцки, манго исечканиот, сечканиот црвен пипер, сечканиот црвен кромид, сецканиот цилинтро, сок од лимета, лукот во прав, сол и бибер.

b) Добро измешајте додека сите состојки не се соединат темелно.

c) Вкусете и прилагодете ги зачините доколку е потребно.

d) Послужете го тропското натопи со чипс од тортиља, леб од пита или стапчиња од зеленчук.

e) Уживајте во ова кремасто и вкусно натопување со тропски пресврт!

43.   Салата од тропско овошје

СОСТОЈКИ:

- 2 чаши ананас исечкан на коцки
- 1 чаша манго исечкано на коцки
- 1 чаша папаја исечена на коцки
- 1 чаша исечено киви
- 1 чаша исечени јагоди
- 1 лажица свеж сок од лимета
- 1 лажица мед или јаворов сируп
- Изборен прелив: рендан кокос или сечкано свежо нане

ИНСТРУКЦИИ:

a) Во голем сад измешајте го ананасот исечкан на коцки, манго исечкана на коцки, папаја исечкана на коцки, исечканите киви и исечканите јагоди.

b) Во мал сад измешајте ги сокот од лимета и медот или јаворов сируп.

c) Прелијте го преливот од лимета над овошната салата и нежно фрлете го да се премачка.

d) Изборно: Одозгора посипете рендан кокос или сечкано свежо нане за дополнителен вкус и украсување.

e) Послужете ја салатата од тропско овошје разладена како освежителна и здрава закуска.

f) Уживајте во живописните и сочни вкусови на оваа тропска мешавина!

g) Овие 20 рецепти за тропски закуски треба да ви обезбедат различни вкусни и вкусни опции за уживање. Без разлика дали барате нешто слатко, солено, кремасто или крцкаво, овие рецепти сигурно ќе ги задоволат вашите тропски желби. Уживајте!

ГЛАВЕН КУРС

44.   Ориз Пина Колада

СОСТОЈКИ:

- 1 чаша ориз Арборио
- 1 лажица цимет
- 5 мл конзерва ананас, смачкана
- мл кокосово млеко
- 1 чаша кондензирано млеко
- 1 ½ шолја вода

ИНСТРУКЦИИ:

a) Додадете ориз и вода во инстант тенџерето и добро измешајте.

b) Затворете го тенџерето со капак и варете на тивко 12 минути.

c) Ослободете го притисокот со методот на брзо ослободување, а потоа отворете го капакот.

d) Додадете ги останатите состојки и добро промешајте.

e) Послужете и уживајте.

Овошна салата од Пиња Колада

СОСТОЈКИ:

- 2 чаши парчиња ананас
- 1 чаша парчиња манго
- 1/2 чаша рендан кокос
- 1/4 чаша сок од ананас
- 1 лажица мед
- Листови од нане за украсување

ИНСТРУКЦИИ:

a) Во голем сад измешајте ги парчињата ананас, парчињата манго и исечканиот кокос.

b) Во посебен сад изматете ги сокот од ананас и медот за да го направите преливот.

c) Прелијте го преливот врз овошната смеса и мешајте додека убаво не се соедини.

d) Украсете со листови нане пред сервирање.

СОСТОЈКИ:

- 4 пилешки гради без коски, без кожа, исечени на коцки од 1 инчи
- 1/2 чаша сок од ананас
- 1/2 чаша кокосово млеко
- 1/4 чаша темен рум
- 1/4 чаша кафеав шеќер
- 1/4 чаша соја сос
- 1 лажица сок од лимета
- 1 лажица маслиново масло
- 1/2 лажичка сол
- 1/4 лажичка црн пипер
- Парчиња ананас и незасладен рендан кокос за украс

ИНСТРУКЦИИ:

a) Во сад за матење изматете ги сокот од ананас, кокосовото млеко, темниот рум, кафеавиот шеќер, соја сосот, сокот од лимета, маслиновото масло, солта и црниот пипер.

b) Додадете го пилешкото во садот за матење и фрлете го да се премачка.

c) Покријте го садот и маринирајте во фрижидер најмалку 1 час.

d) Загрејте скара на средно-висока топлина.

e) Нанесете го пилешкото на ражничи, наизменично со парчиња ананас.

f) Ражничите печете ги на скара 8-10 минути по страна, додека не се свари пилешкото.

g) Украсете со незасладен рендан кокос пред сервирање.

47. Veggie раженчиња Piña Colada

СОСТОЈКИ:

- 1 црвена пиперка, исечкана на парчиња со големина на залак
- 1 зелена пиперка, исечена на парчиња со големина на залак
- 1 жолта тиква, исечкана на парчиња со големина на залак
- 1 тиквичка исечкана на парчиња со големина на залак
- 1 црвен кромид, исечен на парчиња со големина на залак
- 1/2 чаша сок од ананас
- 1/2 чаша кокосово млеко
- 1 лажица темен рум
- 1 лажица маслиново масло
- 1/2 лажичка мелен ким
- 1/2 лажичка пиперка
- 1/2 лажичка лук во прав
- 1/2 лажичка сол
- 1/4 лажичка црн пипер
- Парчиња ананас за ражен
- Незасладен рендан кокос за украс

ИНСТРУКЦИИ:

a) Во сад за матење изматете ги сокот од ананас, кокосовото млеко, темниот рум, маслиновото масло, кимот, пиперката, лукот во прав, солта и црниот пипер.

b) Додадете го зеленчукот во садот за матење и фрлете го да се премачка.

c) Покријте го садот и маринирајте во фрижидер најмалку 30 минути.

d) Загрејте скара на средно-висока топлина.

e) Навојте ги парчињата зеленчук и парчињата ананас на ражен.

f) Печете ги ражничките на скара 8-10 минути, повремено превртувајќи ги, додека зеленчукот не стане мек и лесно јагленисано.

g) Послужете ги раженчињата со незасладен рендан кокос за украс.

Такос со ракчиња Пиња Колада

СОСТОЈКИ:

- 1 фунта големи ракчиња, излупени и излупени
- 1/4 чаша сок од ананас
- 1/4 чаша кокосово млеко
- 1 лажица темен рум
- 1 лажица маслиново масло
- 1/2 лажичка мелен ким
- 1/2 лажичка пиперка
- 1/2 лажичка лук во прав
- 1/2 лажичка сол
- 1/4 лажичка црн пипер
- Тортиљи од пченка
- Рендана зелка
- Парчиња ананас
- Незасладен рендан кокос
- Цилантро за гарнир

ИНСТРУКЦИИ:

a) Во сад за матење изматете ги сокот од ананас, кокосовото млеко, темниот рум, маслиновото масло, кимот, пиперката, лукот во прав, солта и црниот пипер.

b) Додадете ги ракчињата во садот за матење и фрлете ги да се премачкаат.

c) Покријте го садот и маринирајте во фрижидер најмалку 30 минути.

d) Загрејте скара на средно-висока топлина.

e) Ракчињата печете ги на скара 2-3 минути по страна, додека не станат розови и сварени.

f) Загрејте ги пченкарните тортиљи на скара.

g) За да ги соберете такосовите, на секоја тортиља додајте рендана зелка и ракчиња на скара.

h) Одозгора ставете парчиња ананас, незасладен рендан кокос и цилинтро.

i) Послужете веднаш.

49.   Пиња Колада свинско филе

СОСТОЈКИ:

- 2 килограми свинско филе
- 1/2 чаша сок од ананас
- 1/2 чаша кокосово млеко
- 1/4 чаша темен рум
- 1/4 чаша кафеав шеќер
- 1/4 чаша соја сос
- 1 лажица сок од лимета
- 1 лажица маслиново масло
- 1/2 лажичка сол
- 1/4 лажичка црн пипер
- Парчиња ананас и незасладен рендан кокос за украс

ИНСТРУКЦИИ:

a) Во сад за матење изматете ги сокот од ананас, кокосовото млеко, темниот рум, кафеавиот шеќер, соја сосот, сокот од лимета, маслиновото масло, солта и црниот пипер.

b) Ставете го свинското филе во голема пластична кеса што може повторно да се затвори и истурете ја маринадата врз свинското месо.

c) Затворете ја кесата и маринирајте во фрижидер најмалку 2 часа или преку ноќ.

d) Загрејте ја рерната на 375°F (190°C).

e) Извадете го свинското месо од маринадата и фрлете ја маринадата.

f) Загрејте голема тава за рерна на средно-висока топлина и додадете 1 лажица маслиново масло.

g) Пропржете го свинското филе од сите страни до златно кафеава боја, околу 5 минути.

h) Префрлете ја тавата во рерна и печете 20-25 минути, додека внатрешната температура на свинското месо не достигне 145°F (63°C).

i) Оставете го свинското месо да отстои 5-10 минути пред да го исечете.

j) Послужете со парчиња ананас и незасладен рендан кокос за украс.

Пржен ориз со ракчиња Piña Colada

СОСТОЈКИ:

- 1 фунта големи ракчиња, излупени и излупени
- 3 чаши варен ориз од јасмин, изладен
- 1/2 чаша замрзнат грашок и моркови, одмрзнати
- 1/2 чаша парчиња ананас
- 1/2 чаша незасладен рендан кокос
- 1/4 чаша кокосово млеко
- 1/4 чаша сок од ананас
- 1/4 чаша соја сос
- 2 лажици темен рум
- 2 супени лажици маслиново масло
- 2 чешниња лук, мелено
- 2 јајца, изматени
- Сол и црн пипер по вкус
- Цилантро за гарнир

ИНСТРУКЦИИ:

a) Во сад за матење изматете ги кокосовото млеко, сокот од ананас, соја сосот и темниот рум.

b) Загрејте големо тавче на средно-силен оган и додадете 1 лажица маслиново масло.

c) Додадете ги ракчињата и лукот во тавата и пржете 2-3 минути, додека ракчињата не станат розови и сварени.

d) Извадете ги ракчињата од тавата и оставете ги на страна.

e) Додадете 1 лажица маслиново масло во тавата и додадете ги изматените јајца.

f) Изматете ги јајцата додека не се сварат и оставете ги настрана со ракчињата.

g) Додадете ја преостанатата лажица маслиново масло во тавата и додадете го свариот ориз, грашокот и морковите и парчињата ананас.

h) Истурете го сосот со пиња колада врз оризот и измешајте да се соедини.

i) Додадете ги сварените ракчиња и јајцата во тавата и измешајте да се соединат.

j) Гответе уште 2-3 минути додека сè не се загрее.

k) Зачинете со сол и црн пипер по вкус.

l) Украсете со незасладен рендан кокос и цилинтро пред сервирање.

51.   Пиња Колада Риба Tacos

СОСТОЈКИ:

- 1 фунта бела риба, како што се треска или тилапија
- 1/2 чаша сок од ананас
- 1/2 чаша кокосово млеко
- 1 лажица темен рум
- 1 лажица маслиново масло
- 1/2 лажичка мелен ким
- 1/2 лажичка пиперка
- 1/2 лажичка лук во прав
- 1/2 лажичка сол
- 1/4 лажичка црн пипер
- Тортиљи од пченка
- Рендана зелка
- Парчиња ананас
- Незасладен рендан кокос
- Цилантро за гарнир

ИНСТРУКЦИИ:

a) Во сад за матење изматете ги сокот од ананас, кокосовото млеко, темниот рум, маслиновото масло, кимот, пиперката, лукот во прав, солта и црниот пипер.

b) Додадете ја рибата во садот за матење и фрлете ја да се премачка.

c) Покријте го садот и маринирајте во фрижидер најмалку 30 минути.

d) Загрејте скара на средно-висока топлина.

e) Печете ја рибата на скара 2-3 минути по страна, додека не се свари.

f) Загрејте ги пченкарните тортиљи на скара.

g) 7. Составете ги такосовите со ставање неколку парчиња риба на секоја тортиља и прелијте ги со рендана зелка, парчиња ананас, незасладен рендан кокос и цилантро.

h) Послужете веднаш.

Глазирана шунка Piña Colada

СОСТОЈКИ:

- 1 целосно зготвена шунка со коски, околу 8-10 килограми
- 1 чаша сок од ананас
- 1/2 чаша кафеав шеќер
- 1/2 чаша мед
- 1/4 чаша темен рум
- 2 лажици Дижон сенф
- 1 лажичка мелен цимет
- 1/4 лажичка мелено каранфилче
- Прстени од ананас и цреши за украс

ИНСТРУКЦИИ:

a) Загрејте ја рерната на 325°F (163°C).

b) Во сад за матење изматете ги сокот од ананас, кафеавиот шеќер, медот, темниот рум, сенфот Дижон, циметот и каранфилчето.

c) Ставете ја шунката во тава за печење и премачкајте ја глазурата од пиња колада врз шунката, внимавајќи целосно да ја покриете.

d) Печете ја шунката околу 2-2,5 часа, преливајќи ја со глазурата на секои 30 минути.

e) Во последните 15 минути од печењето, врз шунката наредете прстени од ананас и вишни за украсување.

f) Оставете ја шунката да одмори 10-15 минути пред да ја издлабите и послужите.

3. <u>Кремаста салата од тропско овошје</u>

СОСТОЈКИ:

- Лименка од 15,25 унца салата од тропско овошје, исцедена
- 1 банана, исечкана
- 1 чаша Замрзнат изматен прелив, одмрзнат

ИНСТРУКЦИИ:

a) Во средна чинија измешајте ги сите состојки.
b) Нежно промешајте за да се премачка.

Пилешко од тропски ананас

СОСТОЈКИ:

- 1 пиперка
- 1 мал црвен кромид
- 1 фунта (450 g) филети пилешки гради без коски, без кожа
- 2 чаши шеќерен грашок
- 1 конзерва (14 oz/398 ml) парчиња ананас во сок
- 2 лажици стопено кокосово масло
- 1 пкг Зачини за пилешко од тропски ананас
- свеж сок од лимета

ИНСТРУКЦИИ:

a) Загрејте ја рерната на 425°F.

b) Исечете пиперка и кромид. Во голема чинија, измешајте бибер, кромид, пилешко, грашок, парчиња ананас (вклучувајќи сок), кокосово масло и зачини. Се фрлаат додека не се премачкаат добро.

c) Наредете во еден слој на тавата најдобро што можете. Печете 16 минути или додека не се свари пилешкото.

d) Завршете со стискање свежа лимета, по желба.

Вкусете ги тропските ракчиња

СОСТОЈКИ:

- 1 лимета, исечена на половина
- 1 пкг Зачини за пилешко од тропски ананас
- 1 лажица стопено кокосово масло
- 1 лажица мед
- 2 пиперки, исечени на коцки
- 1 мала тиквичка, исечена на кругови од $\frac{1}{2}$ инчи
- 2 чаши замрзнати парчиња манго
- 1 кг замрзнати сурови, излупени ракчиња, одмрзнати

ИНСТРУКЦИИ:

a) Загрејте ја рерната на 425°F.

b) Со помош на преса за цитрус 2-во-1, исцедете го сокот од лиметата во голема чинија.

c) Додадете зачини, масло и мед. Промешајте да се соединат.

d) Во тава ставете ги пиперките, тиквичките и мангото.

e) Одозгора прелијте половина од сосот.

f) Користејќи клешти, фрлете ги на палтото.

g) Ставете ја во рерна и печете 10 мин.

h) Во меѓувреме, додадете ракчиња во сад со преостанатиот сос; фрли два слоја.

i) Отстранете ја тавата одозгора; додадете ракчиња во еден слој најдобро што можете.

j) Печете 3-4 минути или додека ракчињата не се сварат.

Карипско свинско месо на скара со тропска салса

СОСТОЈКИ:

САЛСА:

- 1 мал ананас, излупен, со јадра и исечкан на коцки
- 1 среден портокал, излупен и исечкан на коцки
- 2 лажици свеж цилинтро, мелено
- Сок од половина свеж лимета

СВИнско:

- ½ лажица кафеав шеќер
- 2 лажички мелено лук
- 2 лажички мелен ѓумбир
- 2 лажички мелен ким
- 2 лажички мелен коријандер
- ½ лажичка куркума
- 2 лажици масло од канола
- 6 котлети од свинско филе

ИНСТРУКЦИИ:

a) Направете салса со комбинирање на сок од ананас, портокал, цилинтро и лимета во сад. Стави на страна. Може да се подготви до 2 дена однапред и да се чува во фрижидер.

b) Во мал сад измешајте мешавина од кафеав шеќер, лук, ѓумбир, ким, коријандер и куркума.

c) Намачкајте ги двете страни на свинските котлети со масло од канола и нанесете триење на двете страни.

d) Загрејте ја скарата на средно-високо. Ставете свински котлети на скара околу 5 минути по страна или додека не се зготват на внатрешна температура од 160 °F.

e) Послужете ја секоја котлета придружена со ⅓ чаша салса.

СОСТОЈКИ:

- 4 раженчиња од бамбус или метал
- $\frac{3}{4}$ златен ананас, излупен, со јадра и исечен на коцки од 1 инчи
- 2 банани, излупени и исечени вкрстено на осум парчиња од 1 инчи
- 1 манго, излупено, излупено и исечено на коцки од 1 инчи
- 4 карпести јастог или големи опашки од јастог од Мејн
- $\frac{3}{4}$ чаша Слатка глазура од соја
- 1 чаша путер, стопен
- 4 клинови вар

ИНСТРУКЦИИ:

a) Ако печете на скара со раженчиња од бамбус, потопете ги во вода најмалку 30 минути. Запалете скара за директна умерена топлина, околу $350\frac{1}{4}$ F.

b) Наизменично намачкајте ги парчињата ананас, банана и манго на ражен, користејќи околу 2 парчиња од секое овошје по ражен.

c) Пеперуткајте ги опашките од јастогот така што ќе ја разделите секоја опашка по должина низ заоблената горна школка и месото, оставајќи ја рамната долна школка недопрена. Ако лушпата е многу тврда, користете кујнски ножици за да ја пресечете заоблената школка и нож за да го пресечете месото.

d) Нежно отворете ја опашката за да го изложите месото.

e) Лесно премачкајте ја глазурата од соја врз овошните раженчиња и месото од јастог. Решетката со четка се премачкува и се премачкува со масло. Ставете ги опашките од јастогот, со месото надолу, директно на оган и печете ги на скара додека убаво не се испече, 3 до 4 минути. Притиснете ги опашките на решетката за скара со шпатула или клешти за да го пржите месото. Превртете и печете на скара додека месото не стане само цврсто и бело, прелиено со глазурата од соја, уште 5 до 7 минути.

f) Во меѓувреме печете ги овошните раженчиња на скара заедно со јастогот додека убаво не се испече, околу 3 до 4 минути по страна.

g) Послужете ги со стопениот путер и лиметата за цедење.

8. <u>Салата од тропски црн грав со манго</u>

СОСТОЈКИ:

- 3 чаши сварен црн грав, исцеден и исплакнат
- $\frac{1}{2}$ чаша сечкана црвена пиперка
- $\frac{1}{4}$ чаша мелено црвен кромид
- $\frac{1}{4}$ чаша мелен свеж цилинтро
- 1 халапењо, со семе и мелено (по избор)
- 3 лажици масло од семе од грозје
- 2 лажици свеж сок од лимета
- 2 лажички нектар од агава
- $\frac{1}{4}$ лажичка сол
- $\frac{1}{8}$ лажичка мелен кајен

ИНСТРУКЦИИ:

a) Во голема чинија, измешајте ги гравот, мангото, бугарската пиперка, кромидот, цилинтрото и халапењото доколку користите и оставете ги настрана.

b) Во помал сад измешајте ги маслото, сокот од лимета, нектарот од агава, солта и кајенот. Прелијте го преливот врз салатата и убаво измешајте.

c) Ставете го во фрижидер 20 минути и послужете.

СОСТОЈКИ:
ЧИНИЈА

- 1 сладок компир, излупен и исечкан на парчиња со големина на залак
- 1 лажица екстра девствено маслиново масло
- 2 чаши ориз од јасмин, варен
- 1 ананас, излупен, со јадра и исечкан на парчиња со големина на залак
- $\frac{1}{4}$ чаша индиски ореви
- 4 супени лажици сурово излупено конопно семе

СЛАТКО КИСЕЛ СОС

- 1 лажица пченкарен скроб
- $\frac{1}{2}$ чаша сецкан ананас
- $\frac{1}{4}$ чаша ориз оцет
- $\frac{1}{3}$ чаша светло-кафеав шеќер
- 3 лажици кечап
- 2 лажички соја сос

ИНСТРУКЦИИ:
СЛАДОК КОМПИР

a) Загрејте ја рерната на 425°F.

b) Истурете го слаткиот компир со маслото. Ставете го на плех и печете 30 минути.

c) Извадете го од рерна и оставете да се излади.

СЛАТКО КИСЕЛ СОС

d) Изматете го пченкарниот скроб и 1 лажица вода во помал сад. Стави на страна.

e) Додадете го ананасот и $\frac{1}{4}$ чаша вода во блендер. Блендирајте додека смесата не стане што помазна.

f) Додадете ја смесата од ананас, оризовиот оцет, кафеавиот шеќер, кечапот и соја сосот во средно тенџере.

g) Оставете да зоврие на средно-силен оган.

h) Промешајте ја смесата со пченкарен скроб и варете додека не се згусне, околу една минута. Тргнете го од оган и оставете ги на страна додека ги склопувате садовите.

СОБРАНИЕ

i) Ставете ориз на дното на секоја чинија. Додадете редови ананас, индиски ореви, коноп и сладок компир.

j) Одозгора со слатко-киселиот сос.

60.   Тропски свински ќебапи

СОСТОЈКИ:

- 8 дрвени или метални раженчиња
- 2 килограми свинско филе, исечено на парчиња од 1 инчи
- 2 големи црвени пиперки со јадро, исчистени и исечени на 8 парчиња
- 1 зелена пиперка, исчистена, исчистена и исечена на 8 парчиња
- $\frac{1}{2}$ свеж ананас, исечен на 4 парчиња, а потоа на клинови
- $\frac{1}{2}$ шолја мед
- $\frac{1}{2}$ чаша сок од лимета
- 2 лажички рендана кора од лимета
- 3 чешниња лук, мелено
- $\frac{1}{4}$ чаша жолт сенф
- 1 лажичка сол
- $\frac{1}{4}$ лажичка црн пипер

ИНСТРУКЦИИ:

а) Ако користите дрвени раженчиња, потопете ги во вода 15 до 20 минути.

b) Секоја ражен наизменично намачкајте ја со свинско месо, 2 парчиња црвена пиперка, 1 парче зелена пиперка и 2 парчиња ананас.

c) Во сад за печење 9" x 13" измешајте мед, сок од лимета, рендана кора од лимета, лук, жолт сенф, сол и црн пипер; добро измешајте. Ставете ќебапи во сад за печење и завртете ги да се премачкаат со маринада. Покријте и ставете го во фрижидер најмалку 4 часа или преку ноќ, вртејќи повремено.

d) Загрејте ја скарата на умерена - висока температура. Истурете ќебапи со маринада; отфрлете го вишокот маринада.

е) Печете ги ќебапите на скара 7 до 9 минути, или додека свинското месо повеќе не е розево, често вртејќи ги за да се готват од сите страни.

61.   <u>Јамајканско свинско месо</u>

СОСТОЈКИ:

- 2 килограми свинско филе, исечкано на коцки или ленти
- 3 лажици Јамајкански непредвидлив зачин
- 2 лажици растително масло
- 2 лажици сок од лимета
- 2 лажици соја сос
- 2 лажици кафеав шеќер
- 2 чешниња лук, мелено
- 1 лажичка рендан ѓумбир
- Сол и бибер по вкус

ИНСТРУКЦИИ:

a) Во сад измешајте ги зачините за јамајкански непредвидливи, растително масло, сок од лимета, соја сос, кафеав шеќер, мелено лукче, рендан ѓумбир, сол и бибер.

b) Додадете ги коцките или лентите од свинско филе во садот и фрлете ги да се обложат рамномерно во маринадата.

c) Покријте го садот и ставете го во фрижидер најмалку 1 час, или преку ноќ за поинтензивен вкус.

d) Загрејте скара или тава на скара на средно-висок оган.

e) Извадете го свинското месо од маринадата, тресејќи го вишокот.

f) Свинското месо печете го на скара околу 4-6 минути по страна, или додека не се свари и убаво јагленисано.

g) Намачкајте го свинското месо со преостанатата маринада додека печете на скара.

h) Откако ќе се свари, префрлете го свинското месо во чинија за сервирање и оставете го да отстои неколку минути.

i) Послужете го свинското кретно месо од Јамајка како зачинет и вкусен тропски главно јадење.

j) Уживајте во зачадените и ароматичните вкусови на непредвидливото зачинување!

62. <u>Манго кари тофу</u>

СОСТОЈКИ:

- 1 блок (14 oz) цврст тофу, исцеден и исечен на коцки
- 1 лажица растително масло
- 1 кромид, исечен
- 2 чешниња лук, мелено
- 1 лажица кари во прав
- 1 лажичка мелен ким
- $\frac{1}{2}$ лажичка мелена куркума
- $\frac{1}{2}$ лажичка мелен коријандер
- $\frac{1}{4}$ лажичка кајен пипер (прилагодете по вкус)
- 1 конзерва (14 мл) кокосово млеко
- 1 зрело манго, излупено, излупено и исечено на коцки
- 1 лажица сок од лимета
- Сол два клуча
- Сецкан свеж цилинтро за гарнир
- Варен ориз или леб за послужување

ИНСТРУКЦИИ:

a) Загрејте растително масло во голема тава или вок на средна топлина.

b) Додадете исечен кромид и сечкан лук и пржете 2-3 минути додека не омекне и мириса.

c) Додадете кари во прав, мелен ким, мелена куркума, мелен коријандер и кајен пипер. Добро измешајте за да се премачкаат кромидот и лукот во зачините.

d) Додадете го исечканото тофу во тавата и варете 3-4 минути додека малку не порумени.

e) Истурете го кокосовото млеко и доведете го до вриење.

f) Додадете манго исечкано на коцки и сок од лимета во тавата и зачинете со сол по вкус.

g) Варете 5-6 минути додека тофуто не се загрее и вкусовите не се спојат.

h) Украсете со сецкан свеж цилинтро.

i) Послужете го тофуто со кари од манго над варен ориз или со наан леб за задоволувачко тропско главно јадење.

j) Уживајте во кремастото и ароматично манго кари со нежно тофу и миризливи зачини!

63. <u>Салата од карипски црн грав и манго киноа</u>

СОСТОЈКИ:

- 1 чаша варена киноа, разладена
- 1 конзерва (15 oz) црн грав, исплакнат и исцеден
- 1 зрело манго, излупено, излупено и исечено на коцки
- 1 црвена пиперка, исечкана на коцки
- $\frac{1}{4}$ чаша сецкан црвен кромид
- $\frac{1}{4}$ чаша сецкан свеж цилинтро
- Сок од 1 лимета
- 2 лажици маслиново масло
- 1 лажичка мелен ким
- Сол и бибер по вкус

ИНСТРУКЦИИ:

a) Во голема чинија, измешајте варена киноа, црн грав, манго исечкано на коцки, црвена пиперка исечкана на коцки, сецкан црвен кромид и сецкан свеж цилинтро.

b) Во помал сад измешајте ги сокот од лимета, маслиновото масло, мелениот ким, солта и биберот.

c) Прелијте го преливот врз смесата со киноа и измешајте добро да се соедини.

d) Прилагодете го зачинот ако е потребно.

e) Покријте го садот и ставете го во фрижидер најмалку 30 минути за да се спојат вкусовите.

f) Пред сервирање, нежно фрлајте ја салатата за да се осигурате дека сите состојки се добро соединети.

g) Послужете ја салатата од карипски црн грав и киноа од манго како освежителен и хранлив тропски главно јадење.

h) Уживајте во комбинацијата од црн грав богат со протеини, сочно манго и миризлив цилинтро во секој залак!

СОСТОЈКИ:

- 4 пилешки бедра без коски и кожа
- $\frac{1}{4}$ чаша соја сос
- $\frac{1}{4}$ чаша сок од ананас
- 2 лажици мед
- 2 лажици ориз оцет
- 1 лажица масло од сусам
- 2 чешниња лук, мелено
- 1 лажичка рендан ѓумбир
- Парчиња ананас за украс
- Сецкан зелен кромид за украсување

ИНСТРУКЦИИ:

a) Во сад измешајте ги соја сосот, сокот од ананас, медот, оризот оцет, маслото од сусам, мелениот лук и рерданиот ѓумбир.

b) Пилешките бедра ставете ги во плиток сад и прелијте ги со маринадата. Погрижете се пилешкото да биде рамномерно обложено.

c) Покријте го садот и ставете го во фрижидер најмалку 1 час или преку ноќ за поинтензивен вкус.

d) Загрејте скара или тава на скара на средно-висок оган.

e) Извадете ги пилешките бедра од маринадата, тресејќи го вишокот.

f) Пилешкото печете го на скара околу 5-6 минути по страна, или додека не се свари и убаво јагленисано.

g) Намачкајте го пилешкото со преостанатата маринада додека печете на скара.

h) Откако ќе се свари, префрлете го пилешкото во чинија за сервирање и оставете го да отстои неколку минути.

i) Украсете со парчиња ананас и сецкан зелен кромид.

j) Послужете го пилешкото хавајско теријаки како главно јадење инспирирано од тропските предели.

k) Уживајте во нежното и вкусно пилешко со слатката и густа теријаки глазура!

СОСТОЈКИ:

- 1 фунта ракчиња, излупени и излупени
- 1 конзерва (13,5 oz) кокосово млеко
- Сок и кора од 2 лимета
- 2 лажици тајландска зелена паста за кари
- 1 лажица сос од риба
- 1 лажица кафеав шеќер
- 1 црвена пиперка, исечкана
- 1 тиквичка, исечкана
- 1 чаша грашок
- 1 лажица растително масло
- Свеж цилинтро за гарнир
- Варен ориз за сервирање

ИНСТРУКЦИИ:

a) Загрејте растително масло во голема тава или вок на средна топлина.

b) Додадете тајландска зелена паста за кари во тавата и варете ја 1 минута додека не замириса.

c) Истурете го кокосовото млеко и добро измешајте да се соедини со пастата од кари.

d) Додадете сос од риба, кафеав шеќер, сок од лимета и кора од лимета. Мешајте додека не се раствори.

e) Во тавата додадете ја исечканата црвена пиперка, тиквичката и грашокот. Промешајте за да се премачка зеленчукот во сосот за кари.

f) Варете 5-6 минути додека зеленчукот не омекне.

g) Додадете ги ракчињата во тавата и варете уште 3-4 минути додека ракчињата не станат розови и сварени.

h) Тргнете го од оган и украсете со свеж цилинтро.

i) Послужете го кари од ракчиња од кокос лимета над варен ориз за вкусен и ароматичен тропски оброк.

ј) Уживајте во кремастиот кокос кари сос со сочни ракчиња и остар зеленчук!

66.   Јамајканска кари коза

СОСТОЈКИ:

- 2 килограми козјо месо, исечено на коцки
- 2 лажици Јамајкански кари во прав
- 1 кромид, сецкан
- 3 чешниња лук, мелено
- 1 шкотска пиперка, извадени семиња и мелени
- 1 лажица растително масло
- 2 шолји кокосово млеко
- 2 чаши вода
- 2 гранчиња свежа мајчина душица
- Сол и бибер по вкус
- Варен ориз или роти за сервирање

ИНСТРУКЦИИ:

a) Во сад, зачинете го козјото месо со јамајкански кари во прав, сол и бибер. Фрлете за рамномерно да се премачка месото.

b) Загрејте растително масло во големо тенџере или холандско на средна топлина.

c) Во тенџерето додадете го зачинетото козјо месо и зарумете го од сите страни. Извадете го месото од тенџерето и оставете го на страна.

d) Во истото тенџере додадете исечкан кромид, мелено лукче и мелена пиперка од хаубата (ако користите). Пржете 2-3 минути додека кромидот не стане проѕирен и миризлив.

e) Вратете го заруменото козјо месо во тенџерето и измешајте да се соедини со кромидот и лукот.

f) Истурете го кокосовото млеко и водата. Добро измешајте да се вклопат течностите.

g) Додадете свежи гранчиња мајчина душица во тенцерето и доведете ја смесата да зоврие.

h) Намалете го огнот на минимум, поклопете го тенцерето и оставете го да врие околу 2-3 часа или додека козјото месо не стане меко и вкусно. Повремено мешајте за да не се залепи.

i) Прилагодете го зачинот со сол и бибер по вкус.

j) Послужете ја јамајканската кари коза над варен ориз или со роти за автентично и обилно тропско главно јадење.

k) Уживајте во богатите и ароматични вкусови на козјото месо натопено со кари!

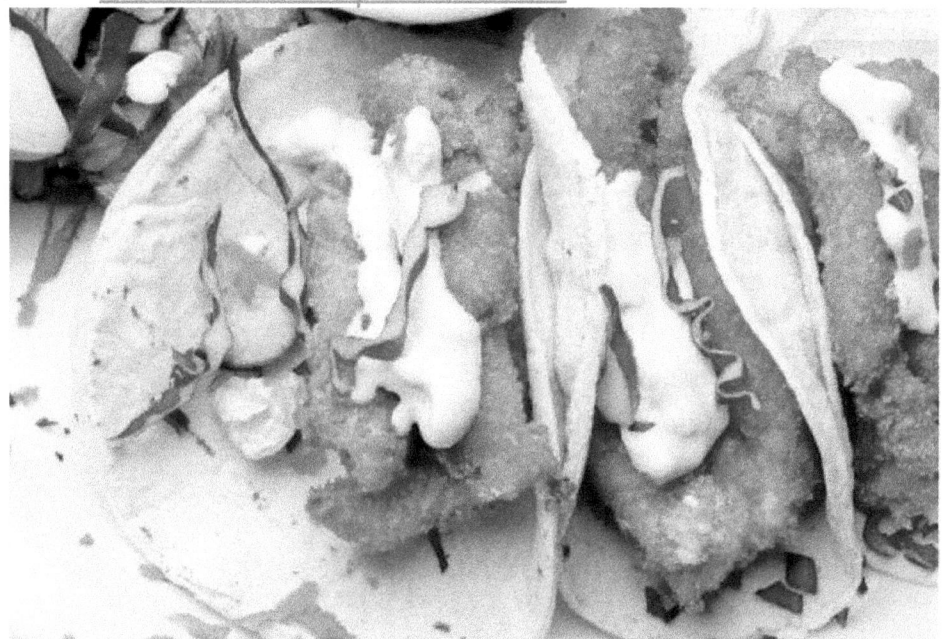

СОСТОЈКИ:

- 1 фунта филети од бела риба (како треска или тилапија)
- $\frac{1}{4}$ шолја универзално брашно
- 1 лажица зачини за карипски непредвидливи
- $\frac{1}{2}$ лажичка сол
- $\frac{1}{4}$ лажичка црн пипер
- 2 лажици растително масло
- 8 мали тортиљи
- Рендана зелена салата
- Исечено авокадо
- Сецкан свеж цилинтро
- Лименски клинови за сервирање

ИНСТРУКЦИИ:

a) Во плитко јадење измешајте ги брашното, карипскиот зачин, солта и црниот пипер.

b) Избришете ги рибините филети во смесата со брашно, тресејќи го вишокот.

c) Загрејте растително масло во голема тава на средна топлина.

d) Додадете ги премачканите рибини филети во тавата и варете околу 3-4 минути по страна, или додека рибата не се свари и не порумени.

e) Извадете ја рибата од тавата и оставете ја да отстои неколку минути.

f) Загрејте ги тортиљите во суво тавче или микробранова печка.

g) Св#рената риба излупете ја и поделете ја на тортиљите.

h) Прелијте ја рибата со рендана зелена салата, исечено авокадо и сецкан свеж цилинтро.

i) Исцедете свеж сок од лимета над додатоците.

j) Послужете ги рибините тако во карипски стил како тропско и вкусно главно јадење.

k) Уживајте во крцкавата и зачинета риба со свежи и живописни додатоци!

68

Застаклен лосос со манго

СОСТОЈКИ:

- 4 филети лосос
- 1 зрело манго, излупено, излупено и исчистено со пире
- 2 лажици соја сос
- 2 лажици мед
- 2 лажици сок од лимета
- 2 чешниња лук, мелено
- 1 лажичка рендан ѓумбир
- Сол и бибер по вкус
- Сецкан свеж цилинтро за гарнир

ИНСТРУКЦИИ:

a) Загрејте ја рерната на 375°F (190°C).

b) Во сад изматете го пирето од манго, соја сосот, медот, сокот од лимета, мелениот лук, ренданиот ѓумбир, солта и биберот.

c) Филетите лосос ставете ги во сад за печење и прелијте ги со глазурата од манго. Погрижете се лососот да биде рамномерно обложен.

d) Печете во загреана рерна околу 12-15 минути или додека лососот не се свари и лесно се ронки со вилушка.

e) Намачкајте го лососот со глазура еднаш или двапати додека се пече.

f) Откако ќе се свари, извадете го лососот од рерна и оставете го да отстои неколку минути.

g) Украсете со сецкан свеж цилинтро.

h) Послужете го глазираниот лосос со манго како тропско и вкусно главно јадење.

i) Уживајте во сочниот и сладок лосос со густата и овошна глазура од манго!

69

Кари од карипски зеленчук

СОСТОЈКИ:

- 1 лажица растително масло
- 1 кромид, сецкан
- 2 чешниња лук, мелено
- 1 црвена пиперка, исечкана на коцки
- 1 жолта пиперка, исечкана на коцки
- 1 тиквичка исечкана на коцки
- 1 сладок компир, излупен и исечен на коцки
- 1 чаша цветчиња карфиол
- 1 конзерва (14 мл) кокосово млеко
- 2 лажици карипски кари во прав
- 1 лажичка мелен ким
- 1 лажичка мелен коријандер
- $\frac{1}{4}$ лажичка кајен пипер (прилагодете по вкус)
- Сол и бибер по вкус
- Сецкан свеж цилинтро за гарнир
- Варен ориз или роти за сервирање

ИНСТРУКЦИИ:

a) Загрејте растително масло во голема тава или тенџере на средна топлина.

b) Додадете сечкан кромид и сечкан лук и пржете 2-3 минути додека не омекне и мириса.

c) Во тавата додадете ги црвените и жолтите пиперки исечкани на коцки, тиквичките исечкани на коцки, слаткиот компир исечкан на коцки и цветчињата карфиол. Промешајте за да се премачка зеленчукот со масло.

d) Гответе 5-6 минути додека зеленчукот не почне да омекнува.

e) Во мал сад изматете ги карипските кари во прав, мелениот ким, мелен коријандер, кајенскиот пипер, солта и биберот.

f) Посипете ја смесата од зачините врз зеленчукот во тавата и добро измешајте да се премачка.

g) Истурете го кокосовото млеко и измешајте да се соедини со зачините и зеленчукот.

h) Оставете ја смесата да зоврие и покријте ја тавата. Оставете го да се готви околу 15-20 минути или додека зеленчукот не омекне и вкусовите не се спојат заедно.

i) Прилагодете го зачинот ако е потребно.

j) Украсете со сецкан свеж цилинтро.

k) Послужете го кари од карипски зеленчук над варен ориз или со роти за обилен и вкусен тропски главно јадење.

l) Уживајте во живописните и ароматични вкусови на зеленчукот со кари!

СОСТОЈКИ:

- 4 пилешки гради без коски и кожа
- 2 лажици Јамајкански непредвидлив зачин
- 2 лажици растително масло
- Сол и бибер по вкус

МАНГО САЛСА:

- 1 зрело манго, излупено, излупено и исечено на коцки
- $\frac{1}{2}$ црвен кромид, ситно сецкан
- $\frac{1}{2}$ црвена пиперка, ситно сечкана
- $\frac{1}{2}$ jalapeno пиперка, семки и ребра отстранети, ситно сецкани
- Сок од 1 лимета
- 2 лажици сецкан свеж цилинтро
- Сол два клуча

ИНСТРУКЦИИ:

a) Загрејте ја скарата или тавата за грил на средно-висока топлина.

b) Бришење на пилешки гради со јамајкански зачини, растително масло, сол и бибер.

c) Пилешкото печете го на скара околу 6-8 минути по страна, или додека не се свари и убаво не јагленисано. Внатрешната температура треба да достигне 165°F (74°C).

d) Извадете го пилешкото од скарата и оставете го да отстои неколку минути.

e) Во меѓувреме, подгответе ја салсата од манго со комбинирање на ситно сецкан манго, ситно сечкан црвен кромид, ситно сечкана црвена пиперка, ситно сечкана пиперка халапено, сок од лимета, сечкан свеж цилинтро и сол во сад. Добро измешајте да се соедини.

f) Исечете го печеното пилешко на скара и послужете го со дарежлива лажица салса од манго одозгора.

g) Послужете го непредвидливото пилешко со салса од манго како тропско и зачинето главно јадење.

h) Уживајте во смелиот и вкусен непредвидлив зачин во комбинација со освежителната и овошна салса од манго!

71.   <u>Хавајски скара свинско ребра</u>

СОСТОЈКИ:

- 2 лавици свинско ребра
- 1 чаша сок од ананас
- $\frac{1}{2}$ шолја кечап
- $\frac{1}{4}$ чаша соја сос
- $\frac{1}{4}$ чаша кафеав шеќер
- 2 лажици ориз оцет
- 2 чешниња лук, мелено
- 1 лажичка рендан ѓумбир
- Сол и бибер по вкус

ИНСТРУКЦИИ:

a) Загрејте ја рерната на 325°F (163°C).

b) Во сад измешајте ги сокот од ананас, кечапот, соја сосот, кафеавиот шеќер, оризовиот оцет, мелениот лук, рендаииот ѓумбир, солта и биберот.

c) Ставете ги решетките од свинско ребра во голем сад за печење или тава за печење.

d) Истурете ја маринадата врз ребрата, внимавајќи да бидат премачкани од сите страни. Резервирајте малку маринада за печење.

e) Покријте го садот со алуминиумска фолија и ставете го во загреана рерна.

f) Печете ги ребрата околу 2 часа или додека не станат меки и месото не почне да се оддалечува од коските.

g) Отстранете ја фолијата и намачкајте ги ребрата со резервираната маринада.

h) Зголемете ја температурата на рерната на 400°F (200°C) и вратете ги ребрата во рерната, непокриени.

i) Печете уште 15-20 минути или додека не се карамелизираат убаво ребрата и се згусне сосот.

ј) Извадете ги од рерна и оставете ги ребрата да одморат неколку минути пред да ги послужите.

k) Послужете ги хавајските свински ребра за BBQ како тропско и сочно главно јадење.

l) Уживајте во нежните и вкусни ребра со слатката и остра глазура за BBQ!

Карипски стек на скара со салса од ананас

СОСТОЈКИ:

- 2 килограми крилен стек
- 2 супени лажици зачини за карипски непредвидливи
- 2 лажици растително масло
- Сол и бибер по вкус

САЛСА со ананас:

- 1 чаша ананас исечкан на коцки
- $\frac{1}{2}$ црвен кромид, ситно сецкан
- $\frac{1}{2}$ црвена пиперка, ситно сечкана
- $\frac{1}{2}$ jalapeno пиперка, семки и ребра отстранети, ситно сецкани
- Сок од 1 лимета
- 2 лажици сецкан свеж цилинтро
- Сол два клуча

ИНСТРУКЦИИ:

a) Загрејте ја скарата или тавата за грил на средно-висока топлина.

b) Намачкајте го бифтекот со карипски зачини, растително масло, сол и бибер.

c) Печете го стекот на скара околу 4-6 минути по страна, или додека не го достигне посакуваното ниво на подготвеност. Оставете го да отстои неколку минути пред да го исечете.

d) Во меѓувреме, подгответе ја салсата од ананас со комбинирање на ананас исечкан на коцки, ситно сечкан црвен кромид, ситно сечкана црвена пиперка, ситно сечкана халапено пиперка, сок од лимета, сецкан свеж цилинтро и сол во сад. Добро измешајте да се соедини.

e) Исечете го стек на скара против зрното и послужете го со дарежлива лажица салса од ананас одозгора.

f) Послужете го карипскиот стек на скара со салса од ананас како тропско и вкусно главно јадење.

ДЕСЕРТ

73.   <u>Пиња Колада Гранита</u>

СОСТОЈКИ:

- 2 1/2 чаши ананас, во коцки од 1/2-инчи
- 1 (12 унци) конзерва крем од кокос
- 1/2 чаша свеж сок од лимета
- 1/2 чаша свеж сок од портокал
- 3 лажици темен рум
- 2 лажици Triple Sec

ИНСТРУКЦИИ:

a) Работејќи во серии, обработете го ананасот во процесор за храна 15 секунди. Префрлете се во голем сад. Измешајте крем од кокос, сок од лимета, сок од портокал, рум и Triple Sec.

b) Покријте со пластична фолија и ставете го во замрзнувач преку ноќ.

c) Работејќи во серии, пулсирајте ја замрзнатата смеса во процесор за храна 10 пати, а потоа обработете додека не се изедначи, околу 90 секунди.

d) Покријте и замрзнете 2 часа или додека не се стегне.

74.   <u>Мека сервирање Piña colada</u>

СОСТОЈКИ:

- 12 унци шлаг прелив
- 12 унци крем од кокос
- сок од ананас
- $\frac{1}{4}$ чаша кокос рум
- 2 лажици кафеав шеќер
- Кора од 1 лимета

ИНСТРУКЦИИ:

a) Во сад, нежно преклопете го изматениот прелив, кокосовиот крем, сокот од ананас, румот, шеќерот и корaта од лимета, внимавајќи дополнително да не се издува воздухот од изматениот прелив.

b) Дополнителната течност во овој рецепт бара малку повнимателно мешање, но ќе се собере.

75.   Пина Колада Cupcakes

СОСТОЈКИ:

- 1 кутија од 18,25 унци мешавина од бела чоколадна торта
- 1 кутија од 3,9 унци инстант мешавина од француски пудинг од ванила
- $\frac{1}{4}$ чаша кокосово масло
- $\frac{1}{2}$ чаша вода
- 2/3 чаша лесен рум, поделен
- 4 јајца
- 1 конзерва од 14 унца плус 1 чаша мелени ананас
- 1 чаша засладен, излупен кокос
- 1 када од 16 унца замрзнување од ванила
- 1 када од 12 унца немлечен шлаг прелив
- Тостиран кокос за украс
- Коктел чадори

ИНСТРУКЦИИ:

a) Загрејте ја рерната на 350°F.

b) Измешајте ја смесата за колачи, смесата за пудинг, кокосово масло, вода, патка 1/3 чаша рум со помош на електричен миксер со средна брзина. Додадете јајца едно по едно, полека матејќи го тестото додека одите.

c) Преклопете ја конзервата со ананас и кокос. Истурете во тави и печете 25 минути.

d) За да направите замрзнување, измешајте 1 шолја смачкан ананас, преостанат 1/3 шолја рум и замрзнување од ванила додека не се згусне.

e) Додадете не-млечен шлаг прелив.

f) Замрзнете ги целосно изладените кекси и украсете ги со препечен кокос и чадор за сонце.

Пиња колада чизкејк

СОСТОЈКИ:

- Кокосова кора
- 2 пликови од желатин без вкус
- Шеќер
- 1 конзерва (6 унци) сок од ананас
- 3 јајца, одвоени
- 3 пакувања (по 8 унци) крем сирење, омекнат
- $\frac{1}{4}$ чаша темен јамајкански рум
- $\frac{1}{4}$ лажичка екстракт од кокос
- 1 конзерва (20 унци) кршен ананас
- 1 лажица пченкарен скроб

ИНСТРУКЦИИ:

а) Подгответе кора од кокос (видете подолу). Во тенцере измешајте желатин и $\frac{1}{2}$ чаша шеќер. Додадете сок од ананас. Застанете 1 минута. Загрејте на тивко додека желатинот не се раствори (5 минути). Тргнете од оган.

b) Додадете жолчки, една по една добро матејќи после секоја. Изладете малку. Изматете го крем сирењето додека не помати.

c) Измешајте во желатинска смеса со рум и екстракт од кокос.

d) Брзо разладете ја со поставување на смесата над сад со ледена вода; мешајте додека малку се згусне. Изматете ги белките додека не се запенат.

е) Постепено додавајте $\frac{1}{4}$ чаша шеќер додека не се формираат крути врвови. Преклопете во желатин. Претворете во подготвена кора. Ставете во фрижидер преку ноќ.

f) Во тенџере измешајте неисцеден ананас со 2 лажици шеќер и пченкарен скроб. Гответе, мешајте додека не зоврие и згусне. Кул. Лажица врз чизкејкот. Служи од 8 до 10.

g) Кокосова кора Измешајте $1\frac{1}{2}$ шолја трошки од обланда од ванила со 1 шолја излупен кокос. Промешајте во ⅓ чаша стопен путер. Притиснете на дното и страните на тавата со пружина од 8 или 9 инчи. Изладете додека не се подготвите за употреба.

7.   <u>Пина Колада</u>

СОСТОЈКИ:

- 13,5 унци кокосово млеко
- 15 унци кокос крем
- ⅓ – ½ чаша гранулиран шеќер
- ¼ чаша сок од ананас
- 2 лажички екстракт од ванила или паста од ванила
- ½ чаша пире од ананас исечен на коцки
- ¼ шолја рум
- препечени кокосови снегулки, две порции

ИНСТРУКЦИИ:

a) Во голем сад изматете ги кокосовото млеко, павлаката и шеќерот. Изматете 2-3 минути на мала брзина додека не се раствори шеќерот. Измешајте ги сокот од ананас, екстрактот од ванила и пасираните ананаси.

b) Оладете ја смесата преку ноќ .

c) Вклучете ја машината за сладолед. Изладената смеса истурете ја во садот за замрзнување и оставете да се меша додека не се згусне околу 25-30 минути. Ако користите рум, додадете сега и оставете да се измати уште 2-3 минути.

d) Префрлете го мекиот сладолед во сад што е безбеден за замрзнување и замрзнете го уште 2 часа за да зрее.

e) Послужете со препечени кокосови снегулки.

Барови за чизкејк Пина Колада

СОСТОЈКИ:

- 2 чаши трошки од Греам крекер
- 1/2 чаша несолен путер, стопен
- 3 супени лажици гранулиран шеќер
- 16 унци крем сирење, омекнат
- 1 чаша гранулиран шеќер
- 1/4 чаша сок од ананас
- 1/4 чаша кокосово млеко
- 1/4 чаша рендан кокос
- 4 јајца
- 1/2 чаша парчиња ананас

ИНСТРУКЦИИ:

a) Загрејте ја рерната на 350°F.

b) Во сад за матење измешајте ги трошките од Греам крекерот, стопениот путер и 3 лажици шеќер.

c) Смесата притиснете ја во подмачкан сад за печење со димензии 9x13 инчи.

d) Во посебен сад за матење изматете го крем сирењето и 1 чаша шеќер додека не се изедначи.

e) Во садот за матење додадете го сокот од ананас, кокосовото млеко и издробениот кокос и измешајте додека не се соедини добро.

f) Во садот за матење додадете ги јајцата едно по едно и мешајте додека убаво не се соединат.

g) Истурете ја смесата врз кората во садот за печење.

h) Прелијте ја смесата со парчиња ананас.

i) Печете 35-40 минути, додека не се стегне чизкејкот.

j) Оставете го чизкејкот да се излади пред да го исечете на шипки.

СОСТОЈКИ:

- 1 Јајце
- 50 грама шеќер
- 250 ml кокосово млеко
- 200 мл Тешка крема
- ½ од цел ананас Свеж ананас
- 1 соба

ИНСТРУКЦИИ:

a) Користете го најголемиот сад, бидејќи ќе ги измешате сите состојки во истиот сад што ќе го користите за изматување на кремот.

b) Одделете ја жолчката и белката. Направете тврда меренга користејќи ја белката и половина шеќер. Соединете ја другата половина шеќер со жолчката и измешајте додека не побели.

c) Изматете ја густата павлака додека не се формираат малку меки врвови. Додадете го кокосовото млеко и лесно измешајте.

d) Или ситно исецкајте го ананасот или изгмечете го со блендер во малку груба паста.

e) Подготовката е завршена во овој момент. Нема потреба да бидеме премногу прецизни. Измешајте сè во садот со дебела павлака и кокосово млеко. Додадете ја и меренгата и убаво измешајте.

f) Истурете во кутија Tupperware и замрзнете додека не завршите. Не треба да го мешате на половина пат.

g) Ако го иситнете ананасот во мазна паста, резултатот ќе биде посвилен и повеќе како автентичен желато.

h) Откако ќе го соберете желатото во садовите за сервирање, обидете се да прелиете со мал капак рум. Вкусот е неверојатен, исто како коктел со пиња колада.

80. <u>Торта со пиња колада со желато</u>

СОСТОЈКИ:

- $\frac{1}{2}$ чаша дехидриран ананас
- 20 гр темно чоколадо (70%)
- 100 гр готова меренга
- 1 $\frac{1}{4}$ шолја дебела павлака
- 2-4 лажици Малибу кокос рум
- Свежо нане или тост избричен кокос, за украс

ИНСТРУКЦИИ:

a) Обложете калап за леб од 13 x 23 cm со пластична фолија. Погрижете се да оставите неколку см пластика да виси на страните.

b) Исечкајте го ананасот за да не биде поголемо парче од суво грозје. Направете го истото и со чоколадото.

c) Мерингата искршете ја на крмбл. Обидете се да го направите ова брзо бидејќи меренгата ќе ја собере влагата од воздухот и ќе стане леплива.

d) Во голем сад за матење изматете ја густата павлака до меки врвови. Додадете го Малибу, па повторно матете неколку секунди додека не се вратат меките врвови.

e) Во садот додајте ги ананасот и чоколадото и нежно свиткајте ги во кремот. Додадете ја меренгата и повторно нежно преклопете. Истурете сѐ во калапот за леб и направете неколку меки удари со пултот за да се смири содржината и да се дистрибуира. Преклопете ја надвисната пластика над врвот на тортата, а потоа завиткајте го плехот во друг слој пластична фолија. Тортата ставете ја во замрзнувач преку ноќ.

f) За сервирање, употребете ја надвисната пластика за да ја извлечете тортата од калапот. Исечете го и одозгора ставете гранчиња нане, или уште подобро посипете тост избричен кокос. Тоа е мек крем колач, затоа изедете го веднаш.

31. <u>Не-печете Piña colada чизкејк</u>

СОСТОЈКИ:

- 1 кора од кокос
- 2 пликови од желатин без вкус
- Шеќер
- 6 унци сок од ананас
- 3 јајца, одвоени
- Три пакувања од 8 унца крем сирење омекнаа
- $\frac{1}{4}$ чаша темен јамајкански рум
- $\frac{1}{4}$ лажичка екстракт од кокос
- Лименка од 20 унца кршен ананас
- 1 лажица пченкарен скроб

ИНСТРУКЦИИ:

a) Во тенџере измешајте желатин и $\frac{1}{2}$ чаша шеќер. Додадете сок од ананас. Застанете 1 минута. Загрејте на тивко додека желатинот не се раствори, околу 5 минути. Тргнете од оган.

b) Додадете жолчки, една по една добро матејќи после секоја. Изладете малку. Изматете го крем сирењето додека не помати.

c) Измешајте во желатинска смеса со рум и екстракт од кокос.

d) Брзо разладете ја со поставување на смесата над сад со ледена вода; мешајте додека малку се згусне.

e) Изматете ги белките додека не се запенат.

f) Постепено додавајте $\frac{1}{4}$ чаша шеќер додека не се формираат крути врвови. Преклопете во желатин. Претворете во подготвена кора. Ставете во фрижидер преку ноќ.

д) Во тенџере измешајте неисцеден ананас со 2 лажици шеќер и пченкарен скроб. Гответе, мешајте додека не зоврие и згусне. Кул. Лажица врз чизкејкот.

Piña Colada Panna Cotta со лимета и ананас

СОСТОЈКИ:

ЗА ПАНА КОТА

- 400 гр кисела павлака
- 150 мл кокосово млеко
- 100 гр шеќер
- 3 листови желатин без вкус

ЗА САЛСАТА ОД АНАНАС

- 1 зрел ананас
- 50 гр шеќер
- 30 ml Малибу рум
- 25 g напечени кокосови снегулки
- 1 лимета
- 1 лажица листови од нане

ИНСТРУКЦИИ:

ЗА ПАНА КОТА

a) Желатинот се става во сад со ладна вода и се остава 5-10 минути да омекне.

b) Желатинските листови се потопуваат во сад со вода

c) Во меѓувреме, во средно тенџере измешајте го кремот, кокосовото млеко и шеќерот и оставете да зоврие на средна топлина.

d) Крем фрајш, кокосово млеко и шеќер во тенџере со жица за матење

e) Тргнете го од оган и измешајте го исцедениот желатин. Добро изматете за да бидете сигурни дека желатинот е целосно растворен. Процедете низ ситно сито.

f) Исцедениот желатин се додава во топла мешавина од панакота

g) Смесата сипете ја во 4 поединечни чаши за сервирање и ставете ја во фрижидер најмалку 2 часа.

h) Мешавината од панакота се прелива во чаши за десерт за да се стегне

ЗА САЛСАТА ОД АНАНАС

i) Излупете го ананасот и исечете го на рамномерни коцки.

j) Сечкање и сечкање на коцки излупен ананас

k) Во голема тава додадете ги ананасот, шеќерот и румот и оставете да зоврие на средна температура. Гответе 2 минути и оставете ги настрана во сад.

l) Шеќерот се додава во ананасот исечкан на коцки во тава на оган

m) Над ананасот изрендајте ја кората од 1 лимета и убаво измешајте. Оставете да се излади на собна температура, а потоа завршете со додавање нане исечено на ситни ленти.

n) Изрендајте кора од лимета на сварени коцки од ананас

o) Откако ќе се стегне панакота додадете ја салсата од ананас одозгора

p) Додавање ананас врз комплетната панакота во пустинска чаша

q) Украсете со препечените кокосови снегулки и листовите нане за да го завршите.

83. <u>Пиња Колада будала</u>

СОСТОЈКИ:

- 1 чаша Исцеден незасладен искршен ананас
- 1 ½ шолја шлаг
- ½ чаша Засладен рендан кокос
- 1 лажица кокос ликер или рум (по избор)
- Гранчиња нане (по избор)

ИНСТРУКЦИИ:

a) Во блендер или процесор за храна, испасирајте половина од ананасот; додадете го во преостанатиот ананас. Во посебен сад изматете шлаг; преклопете со ананас, кокос и ликер од кокос (ако користите).

b) Поделете на 6 чаши со долго стебло. Се лади 1 час. Украсете со нане (ако користите).

СМУТИ И КОКТЕЛИ

84.   Пиња Колада зелено смути

СОСТОЈКИ:

- 2 чаши листови спанаќ
- 1 чаша свеж ананас, сецкан
- 1 чаша боровинки
- 1 лажица мелено ленено семе
- 1 чаша (240 ml) кокосова вода
- $\frac{1}{2}$ чаша вода

ИНСТРУКЦИИ:

a) Додадете ги сите состојки освен прочистената вода во блендер.

b) Додадете вода по вкус. Процесирајте додека не се изедначи.

85.   Пина Колада Кефир

СОСТОЈКИ:

- 1 шолја млечен кефир.
- $\frac{1}{2}$ чаша крем од кокос.
- $\frac{1}{2}$ чаша сок од ананас.
- Блендер.

ИНСТРУКЦИИ:

a) Во блендерот ставете го млечниот кефир, кокосовиот крем и сокот од ананас.

b) Изблендирајте ги.

c) Послужете. Можете да изблендирате мраз во кефирот ако сакате да биде како смути.

Зелена Колада смути

СОСТОЈКИ:

- 1 чаша замрзнат сецкан ананас
- 3 лажици суров, незасладен, рендан кокос
- 1 лажица свеж сок од лимета
- 1 грст ливчиња бебе спанаќ
- 3 урми без јами (натопени и меки)
- 1 чаша вода
- 4 до 5 коцки мраз

ИНСТРУКЦИИ:

а) Сите состојки освен сладоледот ставете ги во блендер и обработете ги додека не се изедначи и кремаста. Додадете го мразот и повторно обработете.

b) Пијте мраз ладно.

87.   Пина Колада Шејк

СОСТОЈКИ:

- 1 замрзната банана, излупена и исечкана
- $\frac{1}{2}$ чаша свеж ананас, сецкан
- 1 шолја кокосово млеко
- 2 топки протеин од ванила во прав
- 1 лажица рендан, незасладен кокос

ИНСТРУКЦИИ:

a) Блендирајте додека не се изедначи.

b) Вкусете и прилагодете го мразот или состојките доколку е потребно.

88.   Kahlua и Cookie colada parfaits

СОСТОЈКИ:

- 8 колачиња макарун
- $\frac{1}{2}$ чаша Кахлуа
- 1 литар сладолед од ванила
- 8 лажички Рум
- 20 унци искршен ананас, во сок; добро исцедена
- $\frac{1}{4}$ чаша рендан кокос; наздравија

ИНСТРУКЦИИ:

а) Во секоја од 4-те парфе чаши или чаши за вино од 12 мл, смачкајте по 1 колаче.

b) Секој посипете го со 1 лажица Кахлуа. Одозгора ставете $\frac{1}{4}$ шолја сладолед во секоја чаша, а потоа ставете слој ананас врз сладоледот и посипете со 1 лажичка рум.

c) Повторете ги слоевите користејќи ги преостанатите состојки, завршувајќи со сладолед и посипете тост кокос одозгора.

d) Послужете веднаш.

СОСТОЈКИ:

- 1 свежо гранче нане или босилек
- 1 мандарина, излупена
- $\frac{1}{2}$ манго, излупено и исечено на коцки
- Филтрирана вода

ИНСТРУКЦИИ:

a) Во стаклен бокал ставете ги нането, мандарината и мангото.

b) Наполнете го со филтрирана вода.

c) Стрмни 2 часа во фрижидер.

d) Истурете во чаши за сервирање.

90. <u>Тропски рај</u>

СОСТОЈКИ:

- 1 киви, излупено и исечкано
- 1 зрно ванила, поделено по должина
- ½ манго, исечкано на коцки

ИНСТРУКЦИИ:

a) Ставете ги мангото, кивито и ванилата во бокал од 64 унци.

b) Ставете во филтрирана вода или кокосова вода.

c) Разладете се пред да служите.

91.   Тропски ладен чај

СОСТОЈКИ:

- 1 чаша свеж сок од портокал
- 1 чаша ананас
- ½ чаша сируп од агава
- 12 чаши зовриена вода
- 12 кесички чај
- 3 чаши сода со лимон

ИНСТРУКЦИИ:

a) Во чајник ставете врела вода и кесички за чај;

b) Оставете го да се стрмни.

c) Се става во фрижидер додека не се излади.

d) Ставете ги сокот од ананас и портокал во вашиот блендер.

e) Се пасира додека смесата не се изедначи и мазна.

f) Ставете го пирето од ананас во бокалот.

g) измешајте сируп од агава и сода од лимон.

h) Промешајте и послужете разладено.

Зачинета тропска зелена смути

СОСТОЈКИ:

- 2 чаши цврсто спакувани листови спанаќ
- 1 чаша замрзнати парчиња ананас
- 1 чаша замрзнати парчиња манго
- 1 мала мандарина, излупена и излупена или сок од 1 лимета
- 1 шолја кокосова вода
- $\frac{1}{4}$ лажичка кајен пипер (по избор)

ИНСТРУКЦИИ:

a) Измешајте ги сите состојки во блендер и измешајте ги на високо ниво додека не се изедначи.

b) Уживајте во студ.

93.   Тропско смути од мандарина

СОСТОЈКИ:

- 2 мандарини излупени и сегментирани
- ½ чаша ананас
- 1 замрзната банана

ИНСТРУКЦИИ:

a) Се меша со ½ до 1 чаша течност.

b) Уживајте

СОСТОЈКИ:

- $\frac{1}{2}$ чаша ананас
- $\frac{1}{2}$ средно папок излупен портокал
- 10 бадеми
- $\frac{1}{4}$ чаша кокосово млеко
- Парче $\frac{1}{4}$ инчи свеж ѓумбир
- 1 лажица свеж сок од лимон
- $\frac{1}{4}$ лажичка мелена куркума или едно парче свежо $\frac{1}{4}$ инчи
- 4 коцки мраз

ИНСТРУКЦИИ:

а) Соедините ги сите состојки во блендер и пасирајте додека не се изедначи.

95.   Даикири од јагода

СОСТОЈКИ:

- 2 унци рум
- 1-унца сок од лимета
- Едноставен сируп од 1 унца
- 4-5 свежи јагоди
- Ледени коцки
- Јагоди за украсување

ИНСТРУКЦИИ:

a) Во блендер измешајте рум, сок од лимета, едноставен сируп, свежи јагоди и коцки мраз.

b) Блендирајте додека не стане мазна и кремаста.

c) Истурете ја смесата во чаша.

d) Украсете со јагода.

e) Послужете и уживајте!

96. Тропска Маргарита

СОСТОЈКИ:

- 2 унци текила
- 1-унца сок од лимета
- 1-унца сок од портокал
- 1-унца сок од ананас
- ½ унца едноставен сируп
- Клин од лимета и сол за обложување (опционално)

ИНСТРУКЦИИ:

a) По желба, обработете ја чашата со сол така што ќе триете варовник околу работ и ќе го натопите во солта.

b) Наполнете шејкер со коцки мраз.

c) Додадете текила, сок од лимета, сок од портокал, сок од ананас и едноставен сируп во шејкерот.

d) Добро протресете.

e) Процедете ја смесата во подготвената чаша исполнета со мраз.

f) Украсете со клин од лимета.

g) Послужете и уживајте!

97.   Син хавајски моктел

СОСТОЈКИ:

- 2 унци сино куракао сируп
- 2 унци сок од ананас
- 1-унца кокос крем
- Парче ананас и цреша за украс

ИНСТРУКЦИИ:

a) Наполнете шејкер со коцки мраз.

b) Во шејкерот додадете синиот сируп курасао, сок од ананас и крем од кокос.

c) Добро протресете.

d) Процедете ја смесата во чаша наполнета со мраз.

e) Украсете со парче ананас и цреша.

f) Послужете и уживајте во овој жив безалкохолен тропски пијалок!

СОСТОЈКИ:

- 1 зрело манго, излупено и исечено на коцки
- 1-унца сок од лимета
- Едноставен сируп од 1 унца
- 6-8 листови свежо нане
- Сода вода
- Парче манго и гранче нане за гарнир

ИНСТРУКЦИИ:

a) Во чаша изматете ги коцките манго со сок од лимета и едноставен сируп.

b) Додадете коцки мраз и искинати листови нане.

c) Одозгора со сода вода.

d) Нежно промешајте.

e) Украсете со парче манго и гранче нане.

f) Послужете и уживајте во овој освежителен моктел!

99.   Кокос лимед

СОСТОЈКИ:

- 1 шолја кокосова вода
- $\frac{1}{4}$ чаша сок од лимета
- 2 лажици едноставен сируп
- Парчиња лимета и листови од нане за украсување

ИНСТРУКЦИИ:

a) Во бокал, измешајте кокосова вода, сок од лимета и едноставен сируп.

b) Добро измешајте да се измешаат.

c) Додадете коцки мраз во чашите за сервирање.

d) Прелијте го мразот во секоја чаша со кокосовиот лимета.

e) Украсете со парчиња лимета и листови од нане.

f) Пред сервирање нежно промешајте.

g) Уживајте во освежителните и лути вкусови на овој моктел од тропски лимеад!

СОСТОЈКИ:

- 1 шише бело вино
- 1 чаша сок од ананас
- $\frac{1}{2}$ чаша сок од портокал
- $\frac{1}{4}$ шолја рум
- 2 лажици едноставен сируп
- Различни тропски овошја
- Клуб сода (опционално)
- Листови од нане за украсување

ИНСТРУКЦИИ:

a) Во голем бокал, комбинирајте бело вино, сок од ананас, сок од портокал, рум и едноставен сируп.

b) Добро измешајте да се измешаат.

c) Во бокалот додадете го исечканото тропско овошје.

d) Ставете го во фрижидер најмалку 1 час за да се спојат вкусовите.

e) За послужување, истурете ја тропската сангрија во чаши полни со мраз.

f) По желба, одозгора наросете со газиран сок за газирање.

g) Украсете со листови од нане.

h) Напијте се и уживајте во овошната и освежителна тропска сангрија!

ЗАКЛУЧОК

Се надеваме дека уживавте во оваа колекција на рецепти инспирирани од Piña colada. Без разлика дали ги забавувате гостите или едноставно се почестувате, овие рецепти сигурно ќе ве пренесат во тропски рај. Не заборавајте да се забавувате и да експериментирате со различни состојки за да ги направите овие рецепти ваши.

Исто така, се надеваме дека научивте нешто ново за историјата и состојките на коктелот Piña colada. Со ова знаење, можете да ги импресионирате вашите пријатели со вашите вештини за миксологија и да создадете уникатни пресврти на овој класичен пијалок.

Ви благодариме што избравте „ТРОПСКО БЛАЖЕНИЕ: A Collection of Piña Colada Inspired Recipes". Ви посакуваме многу среќни и вкусни авантури во кујната!

Milton Keynes UK
Ingram Content Group UK Ltd.
UKHW020808150823
426904UK00017B/809